SO SPIELEN WIR *in* SÜDTIROL

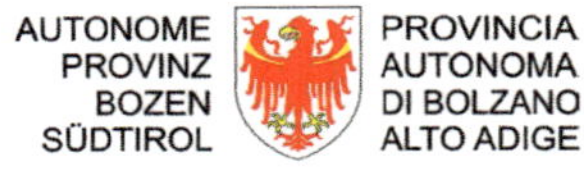

Die Drucklegung dieses Buches wurde ermöglicht durch
die Südtiroler Landesregierung / Abteilung Deutsche Kultur.

Aus Gründen der besseren Lesbarkeit wird auf die gleichzeitige Verwendung der Sprachformen männlich, weiblich und divers (m / w / d) verzichtet. Sämtliche Personenbezeichnungen gelten gleichermaßen für alle Geschlechter.

Eva Marini

So spielen wir in Südtirol

Über 150 traditionelle und vergessene Spiele für Groß und Klein

2–99 Jahre

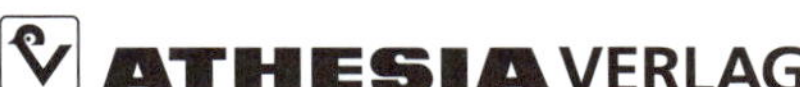

ATHESIA VERLAG

Inhalt

Vorwort **10**

Spiele **12**

Digital spielen in Südtirol **281**

Autorin **284**

12 Kartenspiele

Watten **14**
Perloggn **16**
Trischettn **19**
Trumpfn **20**
Laabbiatn **22**
Schnelln **24**
Schnopsn **27**
Zwickn **29**
Liagn **32**
Mau-Mau **34**
Affelen **36**
Rommé **37**
Scala 40 (quaranta) **40**
Kriegern **42**
Uno **43**
Schwarzer Peter **45**
Skip-Bo **47**
Dobble **49**

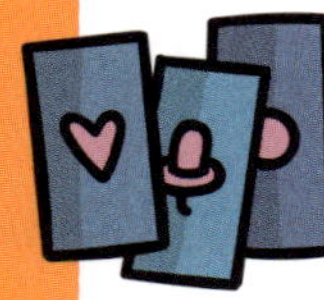

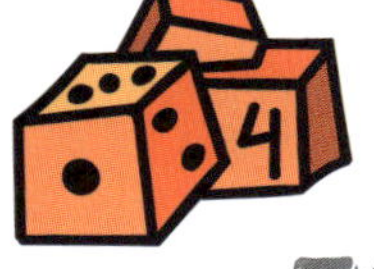

52 Würfel- und Murmelspiele

Kniffel 54
Max 56
10.000 58
Würfel-Bingo 59
Rund um den Stern 61
Würfelsprung 62
Blindwürfeln 63
Murmelwerfen 64
Mauerspecken 66
Kirschbaumspecken 68
Murmeldarts 69
Neunloch 71
Ring-Murmel-Spiel 72
Speckerbombe 74

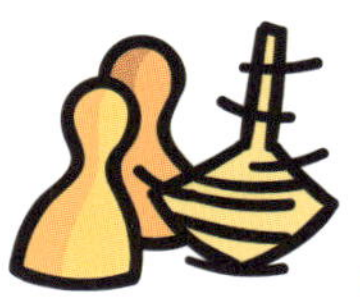

76 Tisch- und Brettspiele

Tiroler Tischkegelspiel 78
Ultner Rumpler 79
Mensch ärgere Dich nicht 81
Mühle 83
Dame 85
Halma 87
Schach 89
Monopoly 91
Activity 93
Siedler von Catan 95
Rummikub 97
Scrabble 99
Memory 101
Domino 102
Tombola 104
Lotti Karotti 105
Mikado 107
Fuchs und Gans 109
Leiterspiel 110
Make' n' Break 111
Jenga 113
Klappenspiel 114
Alpenroulette 116

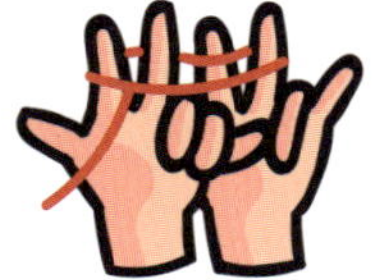

118 Fingerspiele

Schere–Stein–Papier **120**
Mora **122**
Adomino Schmeck **124**
Wie viele Finger? **125**
Fadenspiel **127**
Rückenbild **128**
Es fliegt, es fliegt … **129**
Das ist der Daumen … **131**
Klatschspiel **133**
Himpelchen und Pimpelchen **135**
Mit den Fingerlein **137**

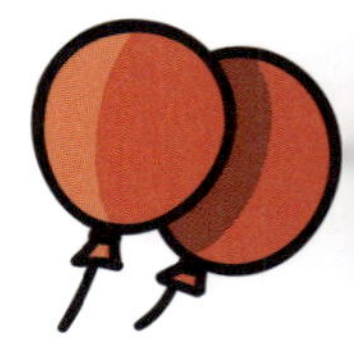

140 Luftballonspiele

Platzballon **142**
Ballon im Ballon **143**
Spaghetti und Luftballon **145**
Watte pusten **146**
Dreier-Dream-Team **148**
Kohlenlauf **149**
Luftballon-Handball **150**
Luftballon-Reise nach Jerusalem **15**
Aufgeladener Ballon **152**
Mannschafts-Luftballons **153**

156 Teambuilding-Spiele

Ei-Wurf-Spiel **158**
Spinnennetz **160**
Werwolf **161**
Ballon in der Luft **163**
Geländespiel **164**
Adlerauge **165**
Blindes Quadrat **167**
Teppich umdrehen **168**
Naturjenga **169**
Escape Room **170**

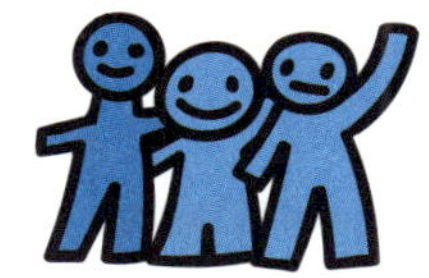

172 Gruppenspiele

Olympiade **174**
Reise nach Jerusalem **177**
Gemeinsamkeiten **179**
Frage-Antwort-Spiel mit Schuhen **180**
Alle in einer Reihe **182**
Welches Bein? **184**
Bildhauer **185**
Tabu **186**
Stille Post extrem **188**
Verkettung **189**
Was bin ich? **191**
Stopsel im Mund **192**
Tick-Tack-Bumm **193**
Bierdeckelspiel **194**
Pantomimespiel **195**
Seilspringen **197**
Wachs gießen **198**
Krimidinner **200**
Exit-Spiele **201**

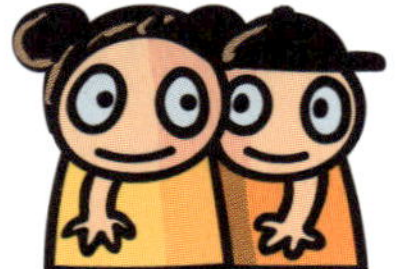

204 Kinder-Party-Spiele

Schatzsuche **206**
Schokoladeschlacht **207**
Topfklopfen **209**
Blinde Kuh **210**
Eierlauf **211**
Ballontanz **213**
Wäscheklammern-Spiel **214**
Katz und Maus **216**
Armer schwarzer Kater **217**
Die Post ist da! **219**
Mäuschen, pieps amol! **220**
Gespensterjagd **221**
Süßigkeiten-Memory **222**
Gesichter raten **224**
Stadt-Land-Fluss **226**
Piñata **228**

230 Spielen im Freien

Fahndl stehln **232**
Raber und Putz **234**
Völkerball **235**
Ochs am Berg **237**
Wer hat Angst vor der schwarzen Katze? **239**
Kaiser, wie viele Schritte darf ich gehen? **241**
Fongelus **243**
Versteckelus **244**
Sackhüpfen **246**
Boccia **247**
Lastighupfen **248**
Tempelhüpfen **250**
Seilziehen **251**
Zehnerle Ballspiel **253**
Zeitung schlagen **255**
Eulensuche **257**
Tschurtschen-Weitwurf **259**
Figuren reißen **260**
Wasserflaschenschütten **261**
Menschenmemory **263**

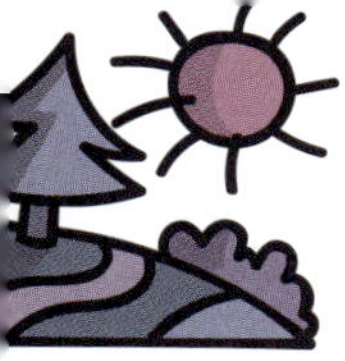

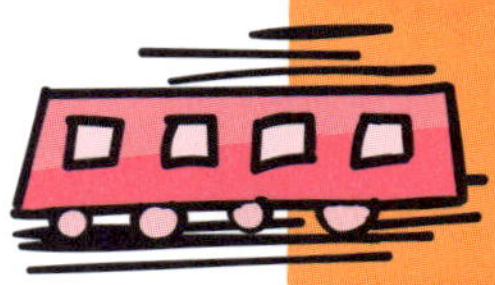

266 Spielen für unterwegs

Ich sehe was,
was du nicht siehst! **268**

Wer bin ich? **269**

Gelbes Auto **271**

Zungenbrecher **272**

Lustige Sätze bilden **273**

Das A–Z Spiel **275**

Reisebingo **276**

Detektivspiel **277**

Wortschlange **278**

Liebe Spielerinnen und Spieler,

Spiele sind für mich persönlich aus dem Alltag nicht mehr wegzudenken: Von Kindesbeinen an spiele ich gerne, im Laufe der Zeit hat sich der ursprüngliche Zeitvertreib zu einer wahren Leidenschaft entwickelt. Auch deshalb habe ich das Spielen zum Beruf gemacht.
Der Lauf der Zeit bringt es allerdings mit sich, dass viele Spiele aus dem Alltag verschwinden, das Spielen selbst jedoch zum Glück nicht, denn Spielen ist in jeder Lebensphase von großer Bedeutung. Spielen fördert die Vorstellungskraft, die Kreativität und besonders die sozialen Fähigkeiten.
In Gaststuben trifft man nur noch wenige Kartenspieler an, die Kegel- und Bocciabahnen neben den Gasthöfen wurden mittlerweile durch Tische und Stühle ersetzt, und auch viele Spielräume für Kinder verschwinden zusehends aus unseren Dorfzentren. Trotz allem wird aber weiterhin gespielt – vermehrt jedoch im Privaten, in den eigenen vier Wänden.
Dieses Büchlein soll Lust aufs Spielen machen und auf das Ausprobieren von Spielen. Es soll Momente schaffen, um vielleicht schöne Erinnerungen wieder aufflackern zu lassen.

Das Buch soll aufzeigen, wie viele und interessante Spiele es in Südtirol gibt. Es ist gespickt mit Ideen und Anregungen dafür, was man mit Kindern, Jugendlichen, aber auch Erwachsenen zu verschiedenen Anlässen, in der Gruppe, zu zweit oder auch alleine spielen kann. Dabei werden „alte" und vergessene sowie traditionelle Spiele wieder zum Leben erweckt. Im Internet und in den Gebrauchsanleitungen der jeweiligen Brettspiele finden Sie Zusatzinformationen und Spielvarianten.
Ich danke meinen Eltern, die sich vor der Arbeit in der Obstwiese oder im Weinberg immer wieder Zeit genommen haben, mir ein neues Spiel oder eine Spielidee zu erklären. Danke für die vielen wunderbaren Erinnerungen ans gemeinsame Spielen!
Danke an mein Team der Spielwelt und an meine Freunde, die mich unterstützt haben. Danke auch an Robert Göschl, der dieses Büchlein mit wunderbaren Zeichnungen vervollständigt hat.

Und jetzt auf zum Spielen!
Viel Spaß und Freude wünscht Ihnen / euch

Eva Morini

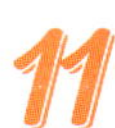

KARTEN Spiele

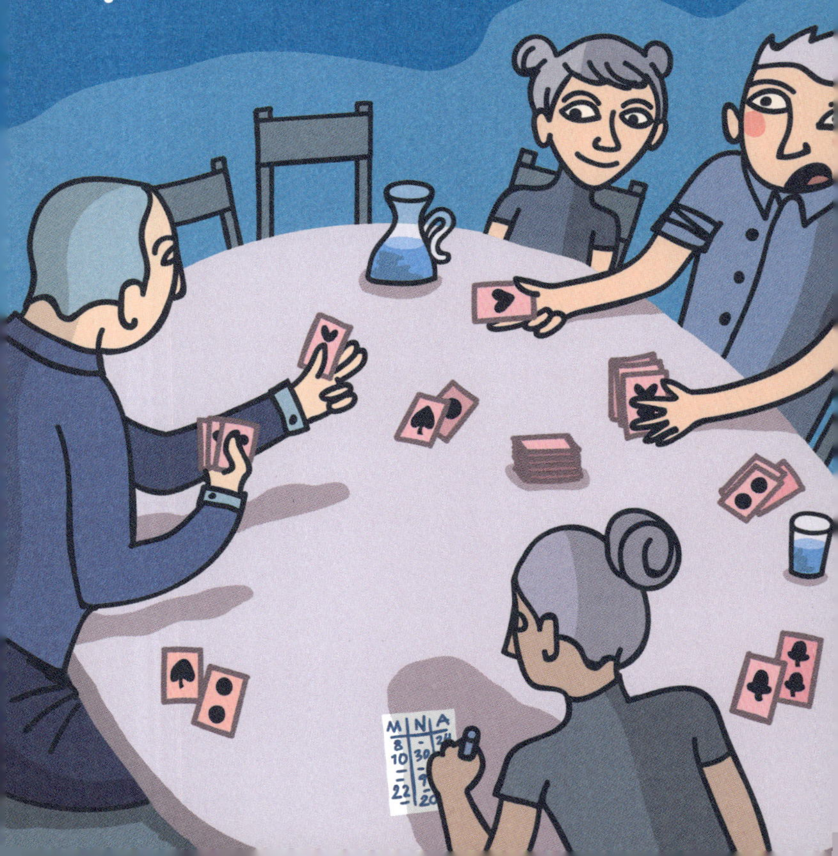

Kartenspiele sind sehr beliebt und haben eine sehr lange Tradition. In Südtirol werden die meisten Spiele mit sogenannten Wattkarten – das sind die Salzburger Spielkarten – oder mit Rommé-Karten gespielt.

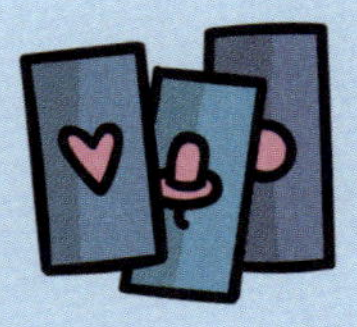

Watten

KNOWHOW → Taktik, Pokerface

MITSPIELER → 4 Spieler

ALTER → ab 10 Jahre

ZEITBEDARF → ca. 30 Minuten

ZUBEHÖR → Wattkarten (Salzburger Spielkarten)

ZIEL → Das Spielerpaar, das zuerst 18 Punkte erreicht, hat gewonnen!

→ Watten gehört zu den beliebtesten Kartenspielen Südtirols und man findet in nahezu jedem Dorfgasthaus sogenannte Watter. In vielen Dörfern Südtirols finden lokale Watt-Turniere statt und seit einigen Jahren wird auch eine Watt-Meisterschaft ausgetragen.

SPIELANLEITUNG

Gespielt wird mit 33 Wattkarten. Beim klassischen 4er-Watter spielen jeweils zwei Spieler miteinander und es werden fünf Karten je Spieler verteilt.
Ziel des Spiels ist es, die Karten des gegnerischen Teams zu stechen. Wenn ein Team drei Stiche erzielt, gewinnt es die Spielrunde und erhält die entsprechende Punktzahl. Das Spiel endet, sobald das Gewinnerteam im Spielverlauf mindestens 18 Punkte erreicht hat.

Eigenheiten je nach Landesteil:

- Spielen im oder gegen den Uhrzeigersinn
- Sieg bei 15 oder 18 Punkten
- Der *Guate* bei der Schell-Ass ist die Schell-Sieben oder der *Weli*
- Der *Weli* hat einen *Guatn* oder eben keinen
- Wenn ein Team *gestrichen* ist, und es gehen die *vier,* erhält das Team bei Sieg der Runde zwei oder drei Punkte
- u. v. a.

SPIELVARIATIONEN

Blindwatten: Nur die Trumpf- und Schlagansager wissen, was angesagt ist, die beiden anderen Spieler spielen blind.
Offenes Watten: Alle Spieler kennen den Trumpf und Schlag.

Ladinisch Watten: Hier wählen die Ansager nicht den Schlag und den Trumpf aus, sondern der Rechte (genau die richtige Karte) wird zufällig bestimmt.
2er-, 3er- oder 6er-Watten: Die Spielregeln unterscheiden sich nur minimal, es gibt jedoch verschiedene Variationen.

Perloggn

KNOWHOW → Taktik, Pokerface

MITSPIELER → 2 bis 4 Spieler

ALTER → ab 14 Jahre

ZEITBEDARF → ca. 30 Minuten

ZUBEHÖR → 33 Wattkarten (Salzburger Spielkarten)

ZIEL → Wer eine festgelegte Punktzahl erreicht, gewinnt das Spiel!

→ Perloggn (Perlaggen) ist ein Kartenspiel, das heute vor allem in Tirol gespielt wird, wobei Flunkern und Täuschen wichtige Elemente des Spiels sind. Die Spieler eint der Tiroler Dialekt, der mit seinen Spezialausdrücken für das Perloggn von großer Bedeutung ist. Das sogenannte Perlogger-Latein hält eigene Bezeichnungen für bestimmte Spielzüge und spezielle Karten bereit.

SPIELANLEITUNG

Gespielt wird mit 33 Wattkarten (ohne Weli) und hauptsächlich zu viert, wobei sich zwei Teams kreuzweise gegenübersitzen. Dabei ist beim *Bieten* Schauspielkunst gefordert, etwa die Fähigkeiten zum Täuschen und Bluffen. Das Deuten unter Teamspielern durch Mimik und Gestik ist nicht nur erlaubt, sondern fester Bestandteil des Spiels. Dazu vereinbaren die Spielpartner vorher Geheimzeichen mittels Finger, unauffälligem Schulterzucken und heimlichen Augen-, Wangen- und Mundbewegungen. Wichtig ist, die Gegner dabei im Unklaren über die eigenen Karten zu lassen und gleichzeitig möglichst viel durch Beobachtung und Kombinationsgabe über deren Karten zu erfahren. Ein Hauptgrund für die Beliebtheit des Spiels ist das Reden und Deuten, das Flunkern und Täuschen – ob, um seinen Partner zu informieren oder die Gegner irrezuführen –

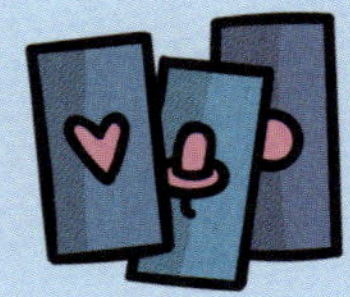

alle vielfältigen Formen der Kommunikation in Verbindung mit Spielstrategie und Psychologie vermitteln den Spielern ein Gefühl von Identität. Je nach Ort gibt es unterschiedlich viele Perlogger-Karten und Spielregeln. Je nach Spielort gelten eigene Regeln beim gemeinsamen Spiel.
Das Spiel geht über 24 Punkte. Das Spielerpaar, das zuerst 24 Punkte erreicht, gewinnt das Spiel.

Beim *Perloggn* gibt es drei Figuren, welche jeder im Laufe einer Runde bieten kann:

- *Gleich* – zwei oder mehrere Karten gleichen Ranges
- *Hanger* – zwei oder mehrere Karten gleicher Farbe mit aufeinanderfolgendem Rang
- *Spiel* – das Paar, das mindestens drei Stiche macht

Jährlich finden lokale Turniere statt und seit einigen Jahren wird abwechselnd in Süd- und Nordtirol eine Gesamttiroler Perlogger-Meisterschaft ausgetragen.

Trischettn

KNOWHOW → Taktik, Pokerface

MITSPIELER → 2 Spieler

ALTER → ab 10 Jahre

ZEITBEDARF → ca. 30 Minuten

ZUBEHÖR → 32 Wattkarten (Salzburger Spielkarten)

ZIEL → Wer zuerst 31 Punkte erzielt, gewinnt das Spiel!

→ Trischettn oder Treschetten ist ein historisches Kartenspiel aus Südtirol für zwei Spieler. Früher war es neben Stichwatten und Labbieten eines der drei häufigsten Kartenspiele in Südtirol.

SPIELANLEITUNG

Gespielt wird mit 32 Wattkarten, ohne Weli, 5er und 6er. Jeder Spieler erhält 8 Karten; derjenige, der ausspielt bestimmt den Trumpf und der andere muss immer Trumpf zugeben. Die Karten haben unterschiedliche Punktewerte

und werden am Ende zusammengezählt. Man kann als Spieler auch während des Spiels Punkte sammeln, indem man mit besonderen Karten in der Hand Punkte ansagen kann. Ein Spiel ist fertig, wenn alle Karten aufgebraucht sind und alle Karten in den Händen der Spieler gestochen wurden. Nach jedem Spiel werden die angesagten Punkte und die Punkte der gestochenen Karten gezählt und dem Punktekonto der Spieler gutgeschrieben.

Trumpfn

KNOWHOW → Konzentration und Merkfähigkeit

MITSPIELER → 2 bis 8 Spieler

ALTER → ab 7 Jahre

ZEITBEDARF → ca. 10 Minuten

ZUBEHÖR → Trumpfkarten

ZIEL → Wer am Ende die meisten Karten (Stiche) hat, gewinnt das Spiel!

SPIELANLEITUNG

Alle Trumpfkarten werden zu gleichen Teilen an alle Mitspieler verteilt. Jeder Spieler nimmt seinen Stapel so in die Hand, dass er nur die oberste Karte sieht.
Jemand beginnt, wählt eine der vielen Angaben der Karte aus und liest diese laut vor:
z. B. Hubraum: 5001 ccm. Die anderen Mitspieler lesen dann reihum ebenfalls die geforderten Angaben (in diesem Fall Hubraum) ihrer Karte vor. Wer den höchsten Wert hat, gewinnt die Karten der anderen Spieler und steckt sie unter seinen Stapel.
Bei gleichen Werten muss ein anderer Wert von der gleichen Karte ausgewählt und verglichen werden. Derjenige, der diesen Vergleich gewinnt, darf dann den nächsten Wert ansagen.

Zwei Gewinn-Varianten:

- Das Spiel endet, sobald ein Spieler mangels Karten ausscheidet. Es gewinnt dann derjenige, der die meisten Karten hat.
- Das Spiel endet dann, wenn ein Spieler alle Karten erobert und damit eindeutig gewonnen hat.

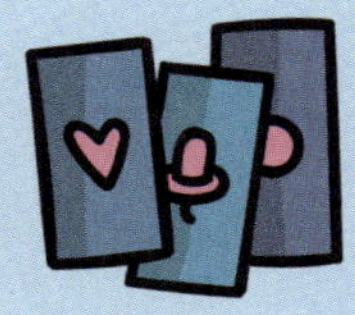

Laabbiatn

KNOWHOW → Taktik, Merkfähigkeit

MITSPIELER → 2 bis 5 Spieler

ALTER → ab 12 Jahre

ZEITBEDARF → ca. 30 Minuten

ZUBEHÖR → 33 Wattkarten (Salzburger Spielkarten)

ZIEL → Wer eine festgelegte Punktzahl (11) erreicht, gewinnt das Spiel!

→ Laabbiatn (Laubbieten) ist ein im Südtiroler, Tiroler und Bayerischen Voralpenraum verbreitetes Kartenspiel. Die Besonderheit am Laabbiatn ist sein Wettspiel-Charakter. Der Spieler hat die Möglichkeit, falls er auch nur im Besitz einer schlechten Karte ist, durch geschicktes Bieten (*Bluffen*) seine Gegner zum Aussteigen zu bewegen.

SPIELANLEITUNG

Gespielt wird mit 33 Wattkarten (inklusive Weli) ohne 5er und 6er.

Jeder Spieler erhält drei oder vier Karten. Der Spieler links vom Geber beginnt mit dem Auswerfen einer Karte, die restlichen Spieler folgen. Dabei sticht immer die höhere Karte mit derselben Farbe wie der zuerst ausgespielten Karte. Die Karten der Stiche bleiben offen auf dem Tisch liegen.

Im Laufe der Spielrunden hat jeder Spieler das Recht, eine Farbe oder Figur zu bieten. Voraussetzung ist, dass er diese Figur auch besitzt und dass die Figur in diesem Spiel noch nicht geboten wurde. Dabei gibt es folgende fünf Figuren:

- *Laub* – das höchste Grün
- *Rot* – das höchste Herz
- *Gleich* – zwei oder mehrere Karten gleichen Ranges
- *Hanger / Hengst* – zwei oder mehrere Karten mit aufeinanderfolgendem Rang
- *Spiel* – der Stich in der letzten, dritten bzw. vierten Runde

Je nach den Reaktionen der Spieler (Gebot gut lassen / Gebot halten / Drei bieten) erhält jeder Spieler am Ende der Runde Punkte. Eine Besonderheit stellt das „Spiel" dar. Jeder Spieler kann jederzeit „ein Spiel" bieten, weil man ja am Anfang nicht weiß, wer die letzte Runde sticht.

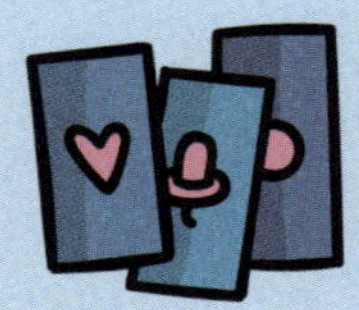

Wurde in der letzten Runde jedoch die erste Karte (Trumpf) ausgelegt, können nur noch die Spieler bieten, welche die gleiche Farbe haben. Es gewinnt der Spieler, der nach mehreren gespielten Spielen als Erster eine vereinbarte Punktzahl erreicht. Wenn sich ein Spieler dieser Zahl nähert, darf er nur mehr so viel bieten, dass sein Stand diese Zahl nicht überschreiten würde.

Schnelln

KNOWHOW → Taktik, Merkfähigkeit

MITSPIELER → 3 bis 5 Spieler

ALTER → ab 8 Jahre

ZEITBEDARF → ca. 30 Minuten

ZUBEHÖR → 33 Wattkarten (Salzburger Spielkarten)

ZIEL → Wer am schnellsten eine festgelegte Punktzahl herunterspielt und bei null ist, hat gewonnen!

→ Schnelln gehört neben Schnopsn, Perloggn und Watten zu den beliebtesten Kartenspielen in Südtirol.

SPIELANLEITUNG

- Gespielt wird mit 33 Wattkarten ohne 5er und 6er, aber inklusive Weli, der als zweithöchster Trumpf stets nach dem Trumpf-Ass folgt.
- Der Geber gibt den insgesamt drei bis fünf Spielern der Reihe nach drei Karten, deckt dann eine für sich selbst offen auf und gibt anschließend jedem zwei weitere Karten. Somit hat er selbst sechs, die anderen Mitspieler fünf Karten. Die offenliegende Karte bestimmt die Trumpffarbe.
- Jeder Spieler bietet seine „Stichanzahl". Erreicht man seine gebotene Stichanzahl nicht, schnellt man fünf Punkte nach oben. Wer bieten will, muss das vorherige Gebot überbieten. Nur der Geber kann das Spiel mit gleicher Stichzahl wie das Höchstgebot an sich reißen. Der Höchstbieter kann auch ohne Trumpf spielen. Man sagt: „Ich spiele hoch." Dann ist der Weli die höchste Karte im Spiel.

- Ist die Trumpffarbe Herz, zählen alle Punkte doppelt. Jeder Stich zieht zwei Punkte ab. Wer „schnellt", erzielt zehn Punkte in der Wertung nach oben.
- Ist der Trumpf bestimmt, ist es möglich, bis zu drei der erhaltenen Karten auszutauschen. Der Höchstbieter beginnt mit dem Austauschen, dann geht es im Uhrzeigersinn weiter.
- Oft wird nach der Grundregel Farbzwang vor Stechzwang gespielt. Das bedeutet, dass jeder Mitspieler der ausgeworfenen Karte Farbe zugeben muss. Hat er eine höhere Karte der Farbe zur Verfügung, muss er die höhere werfen. Hat er nur eine niedere zur Verfügung, muss er die niedere werfen. Nur falls er keine Farbe in der Hand hält, kann er mit Trumpf stechen, bzw. muss stechen.
- Alle Spieler außer dem Geber haben die Möglichkeit auszusteigen, sofern sie noch mehr als fünf Punkte haben, dann erhalten sie lediglich einen Pluspunkt.
- Jeder Spieler hat anfangs eine festgelegte Punktzahl (oftmals 15, 21 oder 25), die er schnellstmöglich runterspielen muss. Dabei zieht jeder Stich einen Punkt ab. Falls ein Spieler keinen einzigen Stich macht, *schnellt* er fünf Punkte nach oben.

Schnopsn

KNOWHOW → Taktik, Glück

MITSPIELER → 2 Spieler

ALTER → ab 8 Jahre

ZEITBEDARF → ca. 30 Minuten

ZUBEHÖR → Salzburger Spielkarten, 20 Karten (*ohne* 7er-8er-9er-Weli)

ZIEL → Wer zuerst 66 Punkte gesammelt hat, gewinnt das Spiel!

GESCHICHTE → Schnopsn stammt aus dem 18. Jahrhundert und ist ein Ableger des deutschen Kartenspiels „66".

SPIELANLEITUNG

Beide Spieler bekommen fünf Karten und eine zusätzliche Karte wird aufgedeckt, die den Trumpf bestimmt. Der Spieler, der nicht ausgeteilt hat, beginnt die Partie.

Er hat mehrere Möglichkeiten:

- *Karte ausspielen*: Er spielt eine Karte aus und der Gegner kann diese stechen oder wird selbst gestochen. Derjenige, der den Stich macht, bekommt die beiden Karten. Beide Spieler nehmen nun eine weitere vom Stapel, ergänzen somit wieder auf fünf Karten.
- *Zudrehen*: Glaubt der Spieler, dass er ohne weiteres Abheben die benötigte Punktzahl von 66 erreichen kann, so kann er *zudrehen*, indem er die Trumpfkarte vom Kartenstapel umdreht oder auf den Kartenstapel klopft. Ab diesem Zeitpunkt wird nichts mehr vom Kartenstapel abgehoben. Jetzt herrscht Farb- und Stichzwang.
- *Trumpf-Karte austauschen*: Hält ein Spieler die niedrigste Trumpfkarte (Unter) in der Hand, so darf er diese gegen die offen aufliegende Trumpfkarte austauschen. Danach spielt er aus und die Partie geht normal weiter.
- *Ansagen*: Hat ein Spieler Ober und König einer Farbe in der Hand, kann er Punkte ansagen. Ist es das Trumpfpärchen (Ober / König), werden 40 Punkte angesagt. Ist es ein Pärchen in einer anderen Farbe, werden 20 Punkte angesagt.

- Der Spieler bekommt die angesagte Punktzahl gutgeschrieben und kann sich entscheiden, ob er Ober oder König ausspielt. Danach geht die Partie normal weiter.

Werte der Karten:

- Ass 11 Punkte
- Zehner 10 Punkte
- König 4 Punkte
- Ober 3 Punkte
- Unter 2 Punkte

Zwickn

KNOWHOW → Taktik, Glück

MITSPIELER → 4 bis 8 Spieler

ALTER → ab 8 Jahre

ZEITBEDARF → ca. 3 Minuten

ZUBEHÖRZUBEHÖR → Kartendeck der Salzburger Spielkarten

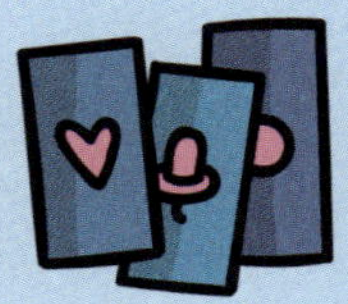

ZIEL → Wer am meisten Topfgeld kassiert, gewinnt das Spiel!

GESCHICHTE → Zwicken ist eine Abwandlung des Kartenspiels Schnopsn und hat seine Wurzeln im 18. Jahrhundert.

SPIELANLEITUNG

Zuerst muss vom Geber der Einsatz in den Topf (Tischmitte) geleistet werden. Der Einsatz ist ein durch drei teilbarer Betrag, meist 15 oder 30 Cent oder ein oder zwei oder drei Knöpfe.
Die Karten werden gemischt und vom Spieler rechter Hand des Gebers abgehoben. Wenn beim Abheben ein Unter, Ober, König oder ein Ass aufscheint, muss das „Geben" an den nächsten Spieler weitergegeben werden. Wenn nicht, darf der Geber die Karten austeilen und hat den Trumpfvorteil. Jedem Spieler werden drei Mal eine Karte ausgeteilt. Nach dem Geben muss der Geber die Trumpffarbe festlegen. Hierzu hat er zwei Möglichkeiten:

1. Der Geber kann **Schlecken,** das heißt, er deckt die oberste Karte des Stoßes auf und legt diese auf den Stoß.
2. Der Geber kann **Titschen,** das heißt, er deckt die oberste seiner drei Karten auf. Die Farbe der so aufgedeckten Karte ist Trumpf. Wenn der Geber *titscht*, muss er am folgenden Spiel teilnehmen.

Anschließend haben alle Spieler ab dem Spieler nach dem Geber reihum die Wahl, an dem Spiel teilzunehmen oder nicht. Wenn kein Spieler mitspielt, gewinnt der Geber den gesamten Topf.
Der erste Spieler spielt eine beliebige seiner drei Karten aus. Im Uhrzeigersinn geben die anderen zu. Dabei muss die Farbe bzw. der Trumpf bedient werden. Wenn ein Spieler keine passende Farbe hat, muss er Trumpf spielen, soweit er Trümpfe hat. Wer die höchste Karte hat bzw. den höchsten Trumpf, erhält den Stich.
Hierbei gilt die Reihenfolge der Trumpfkarten (von der höchsten bis zur niedrigsten):

- Wenn die drei Stiche verteilt sind, wird der Topf verteilt.
- Wer drei Stiche hat, erhält den ganzen Topf, wer zwei Stiche hat zwei Drittel, wer einen Stich hat, ein Drittel.
- Wer keinen Stich hat, der geht *Loch* und muss den gesamten Topfinhalt für das nächste Spiel einzahlen.

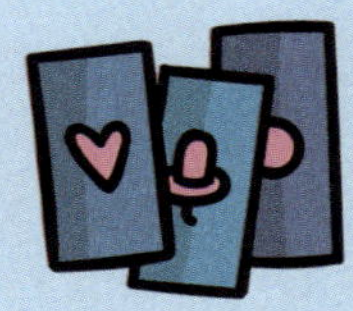

- Wenn mehrere Spieler keinen Stich gemacht haben, müssen sie jeweils den Inhalt des Stocks in den nächsten Stock einzahlen.
- Wenn genau drei Spieler mitgespielt und je einen Stich gemacht haben, zählt das als *Bruder* und das Geld verbleibt im Topf.
- Ein *Muaser* ist dann, wenn nur eine Topfgabe im Topf ist. Da müssen alle mitspielen, damit der Topf wieder gefüllt wird und das Spiel spannend bleibt.

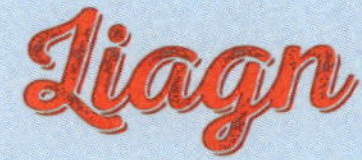

KNOWHOW → Taktik, Glück

MITSPIELER → 2 bis 6 Spieler

ALTER → ab 8 Jahre

ZEITBEDARF → ca. 10 Minuten

ZUBEHÖR → Salzburger Spielkarten (man kann das Spiel jedoch mit allen Karten spielen)

ZIEL → Wer all seine Karten ablegen konnte, gewinnt das Spiel!

GESCHICHTE → Liagn ist ein sehr altes Spiel mit einer langen Tradition, das vor allem in Bayern und Österreich seit dem 18. Jahrhundert bekannt ist.

SPIELANLEITUNG

Liagn wird auch als Mauscheln oder Lügen bezeichnet. Ein Spieler beginnt, legt eine Karte verdeckt auf den Tisch und sagt seinen Wert laut und deutlich an. Der im Uhrzeigersinn nächste Spieler muss nun eine Karte mit dem nächsthöheren Wert (egal in welcher Farbe) ebenfalls verdeckt ablegen und diesen auch laut aussprechen. Wer es nicht glaubt, sagt „Du lügst!“ Die Karte wird aufgedeckt und je nachdem wer recht hat, muss alle auf dem Stapel liegenden Karten aufnehmen. Um alle Karten loszuwerden, muss man irgendwann immer lügen.

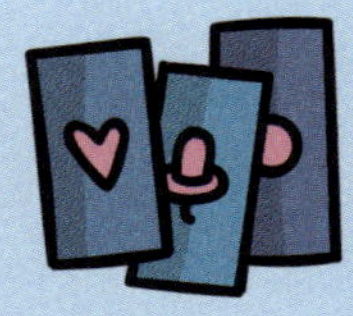

Mau-Mau

KNOWHOW → Taktik, Glück

MITSPIELER → 2 bis 10 Spieler

ALTER → ab 4 Jahre

ZEITBEDARF → ca. 5 bis 10 Minuten

ZUBEHÖR → Salzburger Spielkarten oder Mau-Mau-Karten

ZIEL → Wer zuerst keine Karten mehr hat, gewinnt!

→ Mau-Mau ist ein einfaches Kartenspiel, bei dem die Spieler versuchen, ihre Karten durch das Anlegen passender Farben oder Zahlen loszuwerden. Mau-Mau gibt es in verschiedenen Varianten und ist besonders beliebt bei Senioren und Kindern!

SPIELANLEITUNG

Je nachdem welche Karte abgelegt ist, kann die jeweilige Farbe oder Nummer abgelegt werden. Die Grenzen sind dabei nur durch die zuvor gespielte Karte gesetzt. *Spezialkarten* können den Spielfluss umleiten (Ober, Ass, 9er ...).

Beispiele Spezialkarten:

- *Ober*: Beim Ausspielen eines Ober muss der nächste Spieler zwei Karten vom Ablagestapel ziehen.
- *Ass*: Beim Ausspielen eines Ass muss der folgende Spieler für eine Runde aussetzen.

Wichtig:

- Wenn ein Spieler die vorletzte Karte ablegt, muss er *Mau!* rufen. Vergisst er dies, muss er zwei Strafkarten vom Ablagestapel ziehen.
- Wenn ein Spieler seine letzte Karte ablegt, muss er *Mau-Mau!* rufen. Vergisst er dies, muss er zwei Strafkarten ziehen und das Spiel geht weiter.
- Wenn ein Spieler mit einem Ober das Spiel beendet, muss der nächste Spieler zwei Karten ziehen, die zur Wertung dazugehören.

Das Kartenspiel UNO (Seite 43) stammt von Mau-Mau ab und wird mit verschiedenen Spielkarten bzw. Spielaktionen ergänzt.

Affelen

KNOWHOW → Glück

MITSPIELER → 3 bis 8 Spieler

ALTER → ab 6 Jahre

ZEITBEDARF → ca. 5 bis 10 Minuten

ZUBEHÖR → Salzburger Spielkarten

ZIEL → Wer als Erster vier Karten einer Serie gesammelt hat und die Karten unauffällig auf den Tisch legt, gewinnt!

→ Affelen ist ein lustiges und schnelles Südtiroler Kartenspiel und ist bei Jung und Alt sehr beliebt!

SPIELANLEITUNG

Jeder Spieler erhält vier Karten, nur der Geber fünf.
Die Karte, die der Geber nicht benötigt, gibt er verdeckt dem nächsten Spieler weiter. Benötigt dieser die Karte, behält er diese und gibt eine andere Karte dem nächsten Spieler usw. Wird dieselbe Karte von allen Spielern weitergegeben, wird diese abgelegt und man nimmt eine neue Karte vom Reststapel.
Derjenige, der als Erster vier gleiche Karten einer Serie hat, legt diese unauffällig ab. Sieht dies ein Mitspieler, legt er ebenso seine Karten ab; derjenige, der als Letzter seine Karten ablegt, hat verloren und ist das *Affele*!

Rommé

KNOWHOW → Taktik, Glück

MITSPIELER → 2 bis 6 Spieler

ALTER → ab 8 Jahre

ZEITBEDARF → ca. 15 Minuten

ZUBEHÖR → 2 Sätze französische Karten (2 mal 55 Blatt mit 2 oder 4 Jokern). Die Anzahl der Joker kann variieren

ZIEL → Wer keine Karten mehr in der Hand hat, hat gewonnen!

GESCHICHTE → Rommé hat seine Ursprünge im frühen 20. Jahrhundert und wurde in vielen Kulturen schnell beliebt. Es wird angenommen, dass Rommé von traditionellen mexikanischen und asiatischen Spielen abstammt.

→ Rommé ist ein Kartenspiel, das weltweit in verschiedenen Varianten gespielt wird. Ziel des Spiels ist es, durch das Bilden von Sets und Sequenzen alle Karten, die jeder Spieler hat, abzulegen. Im italienischen Sprachraum wird Rommé *Scala 40* genannt.

SPIELANLEITUNG

Rommé wird in mehreren aufeinander folgenden Runden gespielt – je mehr Spieler dabei sind, umso länger dauert

eine Runde. Es kann aber jederzeit gemeinsam entschieden werden, wie viele Runden gespielt werden, bis das Spiel beendet ist.
Die Karten können ab einer Summe von 40 ausgelegt werden, indem passende Gruppen oder Folgen gebildet werden. Diese müssen in Gruppen von mindestens 3 Karten zusammenhängen. Sobald ein Spieler erfolgreich ausgelegt hat, kann er an bereits ausgelegte Karten anlegen, sobald er eine geeignete Karte dafür hat.
Die Spielrunde gewonnen hat derjenige, der als Erster keine Spielkarten mehr hat. Die Punkte der verbliebenen Karten der anderen Spieler werden gezählt und notiert. Das komplette Spiel gewinnt der Spieler mit den wenigsten Punkten.

Räuberrommé:
Die Regeln gelten grundsätzlich gleich wie bei Rommé. Der Hauptunterschied besteht darin, dass man Karten verschieben, nehmen und auseinanderlegen kann. Eine Gruppe muss aus mindestens 3-mal derselben Zahl in unterschiedlichen Farben bestehen. Später kann man entweder bestehende Kartenreihen bzw. Straßen ergänzen oder neue bilden. Man darf auch bei bestehenden Gruppen bzw. Straßen Karten wegnehmen; Hauptsache ist, dass immer zumindest drei Karten in einer Gruppe zusammenliegen.
Rommé gibt es auch in Brettspielform: Siehe Rummikub (Seite 97).

Scala 40 (quaranta)

KNOWHOW → Taktik, Glück

MITSPIELER → 2 bis 5 Spieler

ALTER → ab 7 Jahre

ZEITBEDARF → ca. 20 Minuten

ZUBEHÖR → Rommé-Karten

ZIEL → Wer als Erster keine Karten mehr in der Hand und alle Karten abgelegt hat, gewinnt das Spiel!

GESCHICHTE → Scala 40 hat seinen Ursprung in Italien und wird dort seit dem frühen 20. Jahrhundert gespielt.

→ Scala 40 ist ein typisches Kartenspiel, das vor allem im italienischen Sprachraum gespielt wird. Es ist dem Rommé sehr ähnlich. Spieler bilden Kombinationen von Karten, um Punkte zu sammeln.

SPIELANLEITUNG

Jeder Spieler spielt auf eigene Rechnung, bzw. für sich. Es werden 13 Karten im Uhrzeigersinn an jeden Spieler ausgeteilt. Danach wird eine Karte aufgedeckt; diese stellt den Anfang des Ablagestapels (ital. *pozzo*) dar.
Die verbleibenden Karten werden verdeckt neben den Ablagestapel gelegt und bilden den Talon (ital. *tallone*).
Jeder Spieler nimmt nacheinander eine Karte vom Talon und fügt sie zu den Karten in seiner Hand. Er darf bei jeder Runde eine Karte, die er nicht benötigt, offen auf den Ablagestapel legen.
Um auszulegen bzw. zu eröffnen (ital. *aprire*), benötigt man mindestens einen oder auch mehrere Tris, Quartette oder auch Scale *(Folgen),* welche in Summe 40 Punkte ergeben. Die Reihenfolge der Karten in einer Scala erfolgt nach dem Nennwert und geht vom Ass zum König. Der Wert der Karten ist der Nennwert. Die Figuren haben einen Wert von zehn Punkten. Das Ass, gelegt in einer Scala vor der Zwei, hat einen Wert von einem Punkt, in einem Tris oder einer Scala nach dem König einen Wert von elf Punkten.

Ziel des Spiels ist es abzuschließen (ital. *chiudere*), das heißt alle Karten auf der Hand als Tris, Quartetti oder Scale auszuspielen und die letzte auf den Ablagestapel zu legen. Wer abgeschlossen hat, hat „die Hand gewonnen" (ital. *vinto la mano*). Die Gegner müssen ihre Karten offenlegen und die Punkte zählen.

Kriegern

KNOWHOW → Glück

MITSPIELER → 2 Spieler

ALTER → ab 5 Jahre

ZEITBEDARF → ca. 10 bis 20 Minuten

ZUBEHÖR → Salzburger Spielkarten oder Rommé-Karten

ZIEL → Wer am meisten Stiche hat, gewinnt!

SPIELANLEITUNG

Die Karten werden je zur Hälfte auf beide Spieler verteilt. Beide Spieler decken jeweils die oberste Karte ihres Stapels gleichzeitig auf. Wer die höhere Karte (nach Wert) hat, darf die eigene und die gegnerische Karte behalten.
Kriegern – Krieg führen: Wenn beide Karten gleichen Wert haben, werden zwei weitere Karten verdeckt aufgelegt und die dritte Karte entscheidet darüber, wer alle sechs Karten einbehalten darf.
Man kann definieren, dass Weli oder Jollys alle Karten stechen. Jener, der am Ende alle Karten eingespielt hat, gewinnt das Spiel.

Uno

KNOWHOW → Taktik, Glück

MITSPIELER → 2 bis 10 Spieler

ALTER → ab 6 Jahre

ZEITBEDARF → ca. 5 bis 10 Minuten

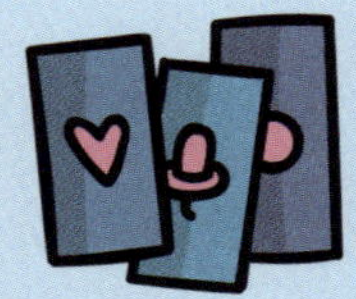

ZUBEHÖR → UNO-Karten

ZIEL → Wer zuerst keine Karten mehr hat, hat gewonnen!

GESCHICHTE → UNO wurde 1971 in den USA entwickelt und hat seitdem weltweit Popularität erlangt.

SPIELANLEITUNG

UNO ist ein amerikanisches Kartenspiel, das auf dem Kartenspiel Mau-Mau basiert. Es wird mit speziellen Karten gespielt und Ziel ist es, alle Karten loszuwerden, indem man passende Farben oder Zahlen bezüglich der offenliegenden Karte ablegt.
Jährlich werden neue Formen von UNO herausgegeben, in denen es immer wieder neue Aktionskarten gibt.

Sehr kurzweilig!

Schwarzer Peter

KNOWHOW → Taktik, Glück

MITSPIELER → 2 bis 6 Spieler

ALTER → ab 4 Jahre

ZEITBEDARF → ca. 15 Minuten

ZUBEHÖR → 18 Kartenpaare, eine Zusatzkarte „Schwarzer Peter"

ZIEL → Wer am meisten Bildpaare gesammelt hat, gewinnt das Spiel!

GESCHICHTE → Schwarzer Peter hat eine lange Geschichte und wurde bereits im 19. Jahrhundert gespielt. Es gibt verschiedene Theorien über seinen Ursprung, eine davon geht auf ein altes Kartenspiel aus Deutschland zurück.

→ Schwarzer Peter ist ein einfaches, lustiges Kinderspiel, das es in sehr vielen Varianten gibt.

SPIELANLEITUNG

Alle Karten werden durchgemischt und gleichmäßig an alle Mitspieler verteilt. Jeder Spieler sortiert seine Karten auf der Hand nach Paaren, falls es schon möglich ist. Hat ein Spieler jetzt schon ein Paar auf der Hand, legt er die beiden Karten offen vor sich auf den Tisch. Von dem Mitspieler, der eine Karte mehr hat, zieht ein anderer eine Karte und versucht dabei immer Kartenpaare zu bilden. Dann ist der nächste Spieler an der Reihe, eine Karte zu ziehen.

Wenn die gezogene Karte nicht zu einem Paar führt, dann wird die Karte einfach aufgenommen. Wenn der Schwarze Peter gezogen wird, sollte man sich nichts anmerken lassen.

Das Spiel läuft, bis alle Paare aufgedeckt wurden, außer dem Schwarzen Peter. Derjenige, der am Ende nur noch den Schwarzen Peter in der Hand hat, hat verloren!

Skip-Bo

KNOWHOW → Taktik, strategisches Denken

MITSPIELER → 2 bis 6 Spieler

ALTER → ab 7 Jahre

ZEITBEDARF → ca. 20 bis 30 Minuten

ZUBEHÖR → 162 Skip-Bo-Karten

ZIEL → Wer zuerst alle Karten abgelegt hat, gewinnt das Spiel!

GESCHICHTE → Skip-Bo ist eine Version des klassischen Kartenspiels *Spite and Malice*. Es wurde 1967 von Minnie Hazel „Skip" Bowman entwickelt und später von Mattel übernommen.

→ Skip-Bo ist ein strategisches Kartenspiel, bei dem es darum geht, als erster Spieler alle Karten seines Spielerstapels abzulegen.

SPIELANLEITUNG

- Jeder Spieler erhält 30 Karten (2–4 Spieler) oder 20 Karten (5–6 Spieler) für seinen persönlichen Spielerstapel. Zudem erhält er fünf Karten auf die Hand.
- Ziel ist es, Karten in aufsteigender Reihenfolge (1–12) auf bis zu vier Ablagestapeln in der Mitte der Spielfläche abzulegen. Skip-Bo-Karten fungieren als Joker. Die Spieler legen zudem ihre Karten aus strategischen Gründen auf sogenannte Hilfsstapel, um zukünftige Züge zu erleichtern oder ihre Mitspieler zu blockieren.
- Wer alle Karten, auch die auf dem Hilfsstapel, abgelegt hat, hat gewonnen.

Dobble

KNOWHOW → Reaktionsfähigkeit, Beobachtungsgabe, Glück

MITSPIELER → 2 bis 8 Spieler

ALTER → ab 6 Jahre

ZEITBEDARF → ca. 20 Minuten

ZUBEHÖR → 55 Dobble-Karten

ZIEL → Wer am Ende des Spiels die meisten Karten gesammelt hat, gewinnt das Spiel!

→ Dobble ist ein Reaktions- und Beobachtungsspiel, bei dem Spieler nach identischen Symbolen auf ihren Karten suchen müssen. Dobble wurde im Jahr 2009 veröffentlicht und hat schnell an Beliebtheit gewonnen!

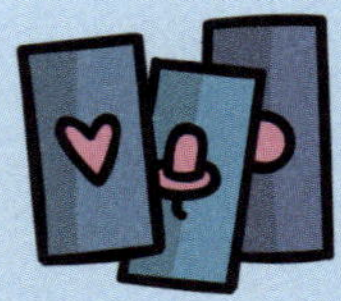

SPIELANLEITUNG

Alle Spieler drehen gleichzeitig die oberste Karte um. Dann vergleicht jeder seine Karte mit der obersten Karte in der Mitte. Sobald jemand das übereinstimmende Symbol gefunden hat, benennt er es und legt die Karte aus der Mitte aufgedeckt auf seine Karte, sodass ein Stapel entsteht.

Bei Dobble gibt es verschiedene Spielvarianten!

Evas Lieblingsspiel!

Würfel- und Murmelspiele

Würfel- und Murmelpiele sind meist Glücksspiele, wo man mit einem oder mehreren Spielwürfeln ein bestimmtes Ergebnis erzielen muss. In Südtirol werden viele Würfelspiele noch am *Budl* (Tresen) in Gasthäusern gespielt.

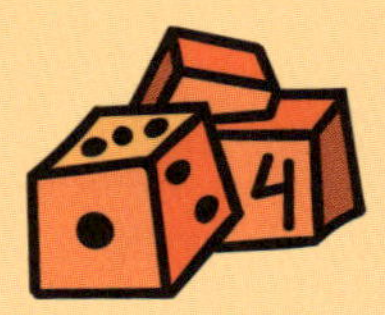

Kniffel

KNOWHOW → Geschicklichkeit, strategisches Denken

MITSPIELER → 2 bis 6 Spieler

ALTER → ab 8 Jahre

ZEITBEDARF → ca. 20 bis 60 Minuten

ZUBEHÖR → 5 Würfel, Würfelbecher und einen Kniffelblock

ZIEL → Wer am Ende die höchste Gesamtpunktzahl hat, gewinnt das Spiel!

GESCHICHTE → Kniffel wurde in den 1950er-Jahren von einem kanadischen Ehepaar erfunden und zunächst als Yacht Game gespielt. 1956 brachte der amerikanische Spielzeughersteller Edwin S. Lowe das Spiel als Yahtzee auf den Markt. Heute wird dieses Spiel meist Kniffel genannt.

SPIELANLEITUNG

Kniffel ist ein Würfelspiel, das mit mindestens zwei Spielern gespielt wird. Ziel des Spiels ist es, verschiedene Würfelkombinationen zu erzielen, die auf einem speziellen Punkteblock eingetragen werden. Jeder Spieler hat pro Runde drei Würfe, um die beste Kombination mit seinen fünf Würfeln zu erreichen. Die verschiedenen Kombinationen und ihren jeweiligen Punktewert findet man auf dem Kniffelblock.

Es gibt verschiedene Kombinationen, die man erwürfeln kann: 3er-Pasch, 4er-Pasch, Fullhouse, Kleine Straße, Große Straße, Kniffel. Je nach Kombination bekommt man eine bestimmte Anzahl von Punkten.

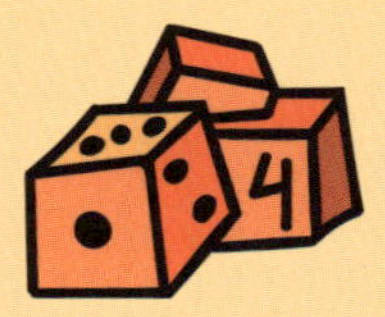

Max

KNOWHOW → strategisches Denken

MITSPIELER → 2 bis 6 Spieler

ALTER → ab 8 Jahre

ZEITBEDARF → ca. 20 bis 30 Minuten

ZUBEHÖR → 2 Würfel, 1 Würfelbecher und 1 Würfelunterlage

ZIEL → Wer die höchste Punktzahl erreicht, gewinnt das Spiel!

→ Max (oder Mäxchen) ist ein schnelles und einfaches Südtiroler Würfelspiel, das viel Spaß in geselliger Runde bietet.

SPIELANLEITUNG

- Ein Spieler fängt an zu würfeln, hebt den Würfelbecher an und schaut sich die Augenzahl seines Wurfes an.
- Er nennt den anderen Spielern die Zahl und darf dabei auch nach Belieben lügen.
- Der nächste Spieler kann entscheiden, ob er dem vorangegangenen Spieler seinen genannten Wert glaubt oder nicht, falls nein wird aufgedeckt. Entspricht der genannte Wert der Wahrheit, hat der Spieler, der aufgedeckt hat, verloren. Hat dieser den anderen aber beim Lügen ertappt, verliert dieser.
- Wird nicht aufgedeckt, muss der nächste Spieler nach seinem Wurf seinen Wert nennen; dieser muss höher als der vorherige Wert sein.
- Der Vorgang wiederholt sich so lange, bis aufgedeckt wird und dem Verlierer der Runde z. B. ein Punkt seines Guthabens (z. B. 10) abgezogen wird.
- Die höchstmögliche Punktzahl ist *Mäxchen*: ein Würfel zeigt eine Eins der andere eine Zwei.

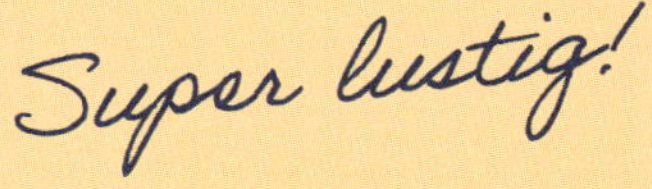

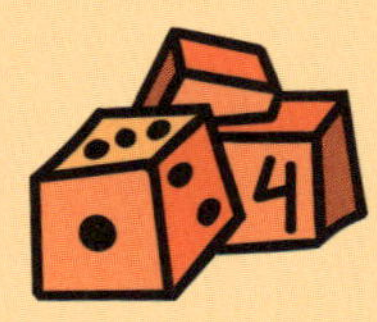

10.000

KNOWHOW → Taktik, Glück

MITSPIELER → ab 2 Spieler

ALTER → ab 8 Jahre

ZEITBEDARF → ca. 30 Minuten

ZUBEHÖR → 5 Würfel, Block und Stift

ZIEL → Wer als Erster 10.000 Punkte schafft, gewinnt das Spiel!

GESCHICHTE → Die genauen Ursprünge von 10.000 sind unklar, aber das Spiel wird seit vielen Jahrzehnten in verschiedenen Ländern gespielt und ist unter verschiedenen Namen (Tutto, Zilch, (Berliner) Macke, Volle Lotte, Farkle, Michel hat gesagt oder Manolo) bekannt.

SPIELANLEITUNG

Die Spieler würfeln der Reihe nach; nur die Zahlen 1 und 5 geben Punkte. Die 1 gibt 100 Punkte, die 5 gibt 50 Punkte. Jeder Spieler darf so lange ohne Unterbrechung würfeln, bis er entweder keine 1 oder 5 würfelt oder bis er sich entscheidet, seine Runde zu beenden und die erzielten Punkte anzuschreiben. Wenn man bei einem Wurf keine 1 oder 5 würfelt, so verliert man alle erzielten Punkte der bis dahin gespielten Runde.

Für erzielte Päsche (besondere Würfelkombinationen) kann man Sonderregeln einführen!

Würfel-Bingo

KNOWHOW → Taktik, Glück

MITSPIELER → 2 bis 20 Spieler

ALTER → ab 6 Jahre

ZEITBEDARF → ca. 30 Minuten

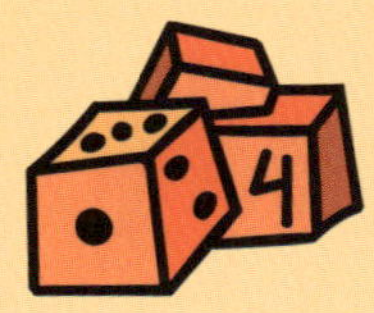

ZUBEHÖR → 1 Würfel pro Spieler, 1 Tombola-Karte pro Spieler

ZIEL → Wer als Erster eine vollständige Reihe, Spalte oder Diagonale gefüllt hat, gewinnt das Spiel!

→ Würfelbingo hat keinen genau dokumentierten Ursprung, aber es ist ein beliebtes Spiel für alle Altersgruppen und kombiniert Elemente klassischer Spiele.

SPIELANLEITUNG

Würfel-Bingo kombiniert die Regeln von Tombola und Würfeln. Die Spieler versuchen, durch Würfeln Zahlen zu erzielen, die auf ihren Tombola-Karten markiert sind, um eine vollständige Reihe, Spalte oder Diagonale zu bilden.

Rund um den Stern

KNOWHOW → Glück

MITSPIELER → 2 bis 8 Spieler

ALTER → ab 4 Jahre

ZEITBEDARF → ca. 5 bis 10 Minuten

ZUBEHÖR → Würfel

ZIEL → Wer die meisten Punkte erzielt, gewinnt!

SPIELANLEITUNG

Es wird mit einem Würfel reihum gespielt. Gewertet wird nur die um den mittleren Punkt liegenden Augenzahl:

- Bei der Eins, Zwei, Vier und Sechs gibt es keine Punkte
- Bei der Drei zwei Punkte
- Bei der Fünf vier Punkte

Wer nach drei oder fünf Runden die meisten Augen *um den Stern* erzielt hat, ist Sieger.

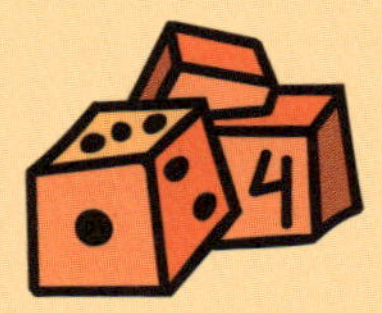

Würfelsprung

KNOWHOW → Taktik, strategisches Denken

MITSPIELER → 2 bis 6 Spieler

ALTER → ab 6 Jahre

ZEITBEDARF → ca. 30 bis 60 Minuten

ZUBEHÖR → Würfel mit Würfelbecher

ZIEL → Wer so nah als möglich an die genannte Zahl kommt, gewinnt das Spiel!

SPIELANLEITUNG

Ein Spieler wird ausgelost und nennt eine Zahl unter 30. Sein linker Partner beginnt mit zwei Würfeln zu werfen. Die erreichte Augenzahl wird ausgerufen. Das Ergebnis des nächsten Spielers wird zur Augenzahl des ersten Würflers

addiert usw., bis einer das Pech hat, mit seinem Wurf die anfangs genannte Zahl zu überschreiten. Er scheidet aus, weil ihm der *Würfelsprung* misslungen ist.
Jener, der am nächsten an die genannte Zahl kommt, hat gewonnen.

Blindwürfeln

KNOWHOW → Glück

MITSPIELER → 2 bis 6 Spieler

ALTER → ab 8 Jahre

ZEITBEDARF → ca. 10 Minuten

ZUBEHÖR → Würfel, Würfelbecher

ZIEL → Wer zuerst eine festgelegte Punktzahl erreicht, gewinnt!

→ Ein traditionelles Südtiroler Würfelspiel, das zu zweit sehr kurzweilig und lustig ist.

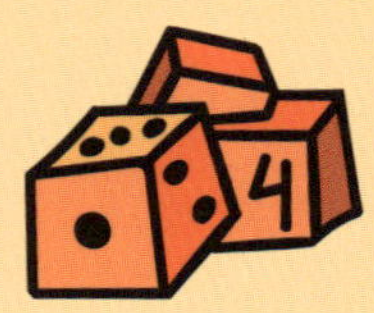

SPIELANLEITUNG

Zwei Spieler würfeln mit einem Würfel. Während der eine würfelt, muss sich der andere die Augen zuhalten. Der Würfler kontrolliert die geworfene Augenzahl und deckt den Becher über den Würfel. Nun muss der zweite Spieler raten, ob die Zahl unter oder über die Vier gewürfelt wurde. Bei einer Vier darf der Wurf wiederholt werden. Rät er richtig, bekommt er einen Punkt.

Murmelwerfen

KNOWHOW → Geschicklichkeit, Glück

MITSPIELER → ab 2 Spieler

ALTER → ab 3 Jahre

ZEITBEDARF → ca. 5 Minuten

ZUBEHÖR → Murmeln

ZIEL → Der Spieler mit den meisten Murmeln gewinnt!

GESCHICHTE → In früheren Zeiten hat man oftmals mit Murmeln gespielt, da man ansonsten nicht viele Spielutensilien hatte. Kinder haben Murmeln in allen Farbvariationen gesammelt und sie wie kleine Schätze gehütet.

SPIELANLEITUNG

Zur Vorbereitung wird eine kleine Grube in den Sand oder in die Erde gegraben und jeder Spieler erhält sechs Murmeln.

Nachdem die Reihenfolge der Werfer bestimmt wurde (z. B. der Jüngste beginnt), beginnt der erste Spieler und wirft von der etwa zwei Meter entfernten Spiellinie zwei Murmeln gleichzeitig in Richtung Spielgrube: dabei soll eine Murmel in die Grube fallen, die andere darüber hinaus.

- Landen beide Murmeln außerhalb, oder beide in der Grube, muss der Spieler eine seiner Murmeln als sogenannte Strafmurmel in die Grube legen.
- Die zweite geworfene Murmel darf er jeweils wieder an sich nehmen.

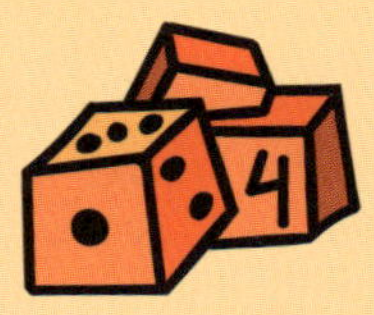

- Schafft es der Spieler, eine Murmel in die Grube zu werfen und eine außerhalb, so darf er alle Murmeln nehmen, die bis dahin in der Grube liegen.

Wer keine Murmeln mehr übrig hat, verliert die Runde, die anderen spielen weiter, bis der beste Werfer als Sieger feststeht!

Mauerspecken

KNOWHOW → Geschicklichkeit, Glück

MITSPIELER → ab 4 Spieler

ALTER → ab 5 Jahre

ZEITBEDARF → variabel

ZUBEHÖR → Murmeln

ZIEL → Wer die meisten Murmeln erspielt, gewinnt das Spiel!

SPIELANLEITUNG

Das Mauerspecken ist ein einfaches Spiel, hat aber eine eigene Spielspannung. Die Spieler sitzen sich im Schneidersitz gegenüber, in einem Abstand von ungefähr drei Metern. Vor jedem Spieler liegt ein kleiner Haufen Murmeln. Der erste Spieler wirft eine Murmel in Richtung eines gegnerischen Murmelhaufens. Alle Murmeln, die er trifft, darf er auf seinen eigenen Haufen legen.
Kann er keine treffen? Dann bekommt sein Gegner die Murmel, mit der er versucht hat zu schießen. Nun versucht der zweite Spieler, dasselbe zu tun. Das Spiel scheint einfach, aber nichts ist, wie es scheint! Es wird in zwei Zügen gespielt. Wenn du es also schaffst, viele Murmeln deines Gegners zu treffen und somit einen großen Haufen zu sammeln, ist dein Haufen besonders leicht zu treffen, sodass dein Gegner es besonders leicht hat, deine Murmeln zu stehlen!

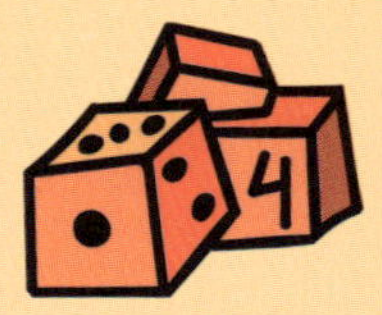

Kirschbaumspecken

KNOWHOW → Geschicklichkeit, Glück

MITSPIELER → ab 2 Spieler

ALTER → ab 3 Jahre

ZEITBEDARF → ca. 5 Minuten

ZUBEHÖR → Murmeln und eine glatte Fläche

ZIEL → Wer die meisten Murmeln trifft (Kirschen pflückt) gewinnt das Spiel!

SPIELANLEITUNG

Jeder Spieler erhält fünf Murmeln, die nebeneinander in eine Reihe gelegt werden. Dabei sollten die einzelnen Murmeln einen Abstand von ca. zwei Murmelbreiten haben. Ungefähr zwei Meter entfernt wird die Spiellinie gezogen. Von dort aus werden nun die „Kirschen gepflückt", das heißt, man versucht durch Schnipsen einer weiteren Murmel eine der anderen zu treffen.

- Jede getroffene Kirsche darf man behalten, den „Schuss-Specker" nimmt man wieder an sich.
- Sind alle Kirschen von allen Spielern gepflückt, wird die Ernte gezählt.
- Der Spieler mit den meisten Kirschen ist Sieger.

Murmeldarts

KNOWHOW → Geschicklichkeit, Glück

MITSPIELER → 2 bis 6 Spieler

ALTER → ab 4 Jahre

ZEITBEDARF → ca. 20 bis 30 Minuten

ZUBEHÖR → Murmeln, Zielscheibe

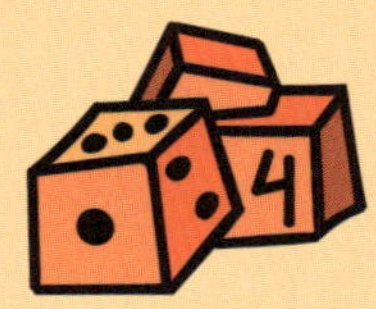

ZIEL → Der Spieler, der mit seinen Murmeln so nah als möglich ins Zentrum der Zielscheibe wirft und damit die meisten Punkte erzielt, gewinnt das Spiel!

→ Ein traditionelles Südtiroler Geschicklichkeitsspiel.

SPIELANLEITUNG

Die Spieler versuchen, ihre Murmeln auf eine Zielscheibe am Boden zu werfen und Punkte zu erzielen. Die Nähe der Murmeln zum Zentrum der Zielscheibe bestimmt die Punktzahl.

Die Zielscheibe kann individuell gestaltet werden, entweder auf Karton oder direkt in den Boden gezeichnet. Murmeldarts ist ein einfaches und unterhaltsames Spiel, das Geschicklichkeit und Zielgenauigkeit erfordert.

Neunloch

KNOWHOW → Geschicklichkeit, strategisches Denken

MITSPIELER → ab 1 Spieler

ALTER → ab 4 Jahre

ZEITBEDARF → variabel

ZUBEHÖR → Murmeln und 9 Sandgruben

ZIEL → Wer die meisten Murmeln erspielt, gewinnt das Spiel!

→ Neunloch ist ein altes Spiel, das besonders in ländlichen Regionen Deutschlands gespielt wurde und eine lange Tradition hat.

SPIELANLEITUNG

In Form eines Quadrates gräbt man neun Löcher in den Boden, wobei das mittlere ein wenig größer sein soll. Nun bekommt jeder Spieler sechs Murmeln, von denen jeder eine in das mittlere Loch legt.

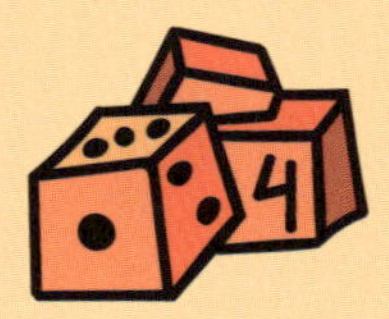

Sobald man die Reihenfolge ermittelt hat, versucht jeder Spieler, aus etwas zwei Metern Entfernung eine Murmel in das große Loch zu werfen. Gelingt dies, so darf man alle Murmeln, die bis dahin dort liegen, behalten. Trifft man daneben, darf man seine Murmel wieder aufnehmen. Landet die Murmel jedoch in einem der kleinen Löcher, so muss man sie als Strafmurmel in die mittlere Grube legen. Gespielt wird so lange, bis nur noch ein Spieler Murmeln hat.

Ring-Murmel-Spiel

KNOWHOW → Geschicklichkeit

MITSPIELER → ab 2 Spieler

ALTER → ab 4 Jahre

ZEITBEDARF → ca. 5 Minuten

ZUBEHÖR → Murmeln und Kreide

ZIEL → Wer die meisten Murmeln erspielt, gewinnt das Spiel!

GESCHICHTE → Murmelspiele kannte man bereits im vorchristlichen Rom und im antiken Ägypten, diese Version ist eine der ältesten Murmelspiele.

→ Früher waren Murmeln ein oft größerer Schatz als Taschengeld: je bunter und leuchtender, desto wertvoller. Ursprünglich wurden Murmeln aus Marmor hergestellt, später aus Ton, heute meist aus Glas oder Plastik.

SPIELANLEITUNG

Mit der Kreide wird ein Kreis von ungefähr 30 Zentimetern Durchmesser aufgezeichnet. Um diesen Kreis zieht man noch einen zweiten Kreis mit ca. zwei Metern Durchmesser. In den kleinen Kreis legt jeder Spieler zwei Murmeln hinein. Nun stellen sich alle Spieler hinter die Linie des äußeren Kreises. Nacheinander sind alle an der Reihe, mit einer eigenen Murmel in den kleineren Kreis zu werfen, um dort andere Murmeln aus dem kleinen Kreis zu specken (herauszustoßen).

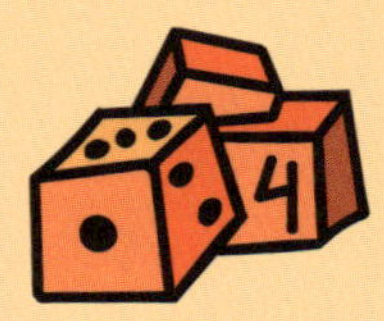

Alle Murmeln, die nach dem Wurf eines Spielers nicht mehr im kleinen Kreis liegen, darf man an sich nehmen. Wer am Ende die meisten Murmeln hat, hat gewonnen!

Speckerbombe

KNOWHOW → Geschicklichkeit, Glück

MITSPIELER → 1 bis 4 Spieler

ALTER → ab 4 Jahre

ZEITBEDARF → ca. 10 Minuten

ZUBEHÖR → Murmeln und eine Sandgrube

ZIEL → Wer die meisten Murmeln erspielt, gewinnt das Spiel!

SPIELANLEITUNG

Es wird eine kleine Mulde gegraben und jeder Spieler legt eine Murmel als Einsatz hinein. Nun lässt der erste Spieler eine Murmel direkt über dem Loch fallen.
Alle Murmeln, die dabei aus der Mulde springen, gehören dem Spieler und der Nächste ist an der Reihe.

Tata Karl hat der kleinen Eva das Spiel beigebracht!

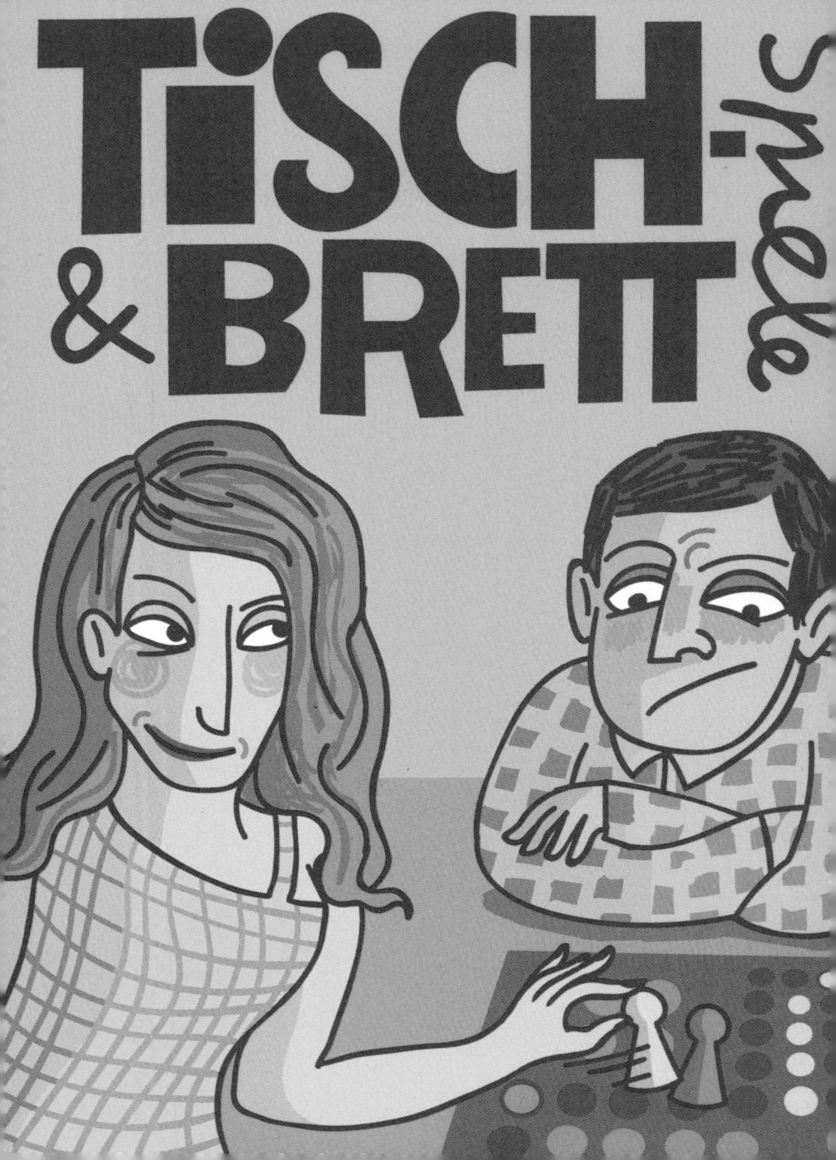
TISCH-
& BRETT
spiele

Tisch- und Brettspiele sind Spiele, die auf einer ebenen Oberfläche wie einem Tisch oder einem speziellen Spielbrett gespielt werden. Sie bieten Unterhaltung, fördern kognitive Fähigkeiten wie strategisches und logisches Denken und unterstützen das Miteinander und die Kommunikation.

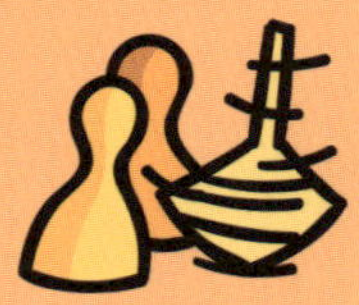

Tiroler Tischkegelspiel

KNOWHOW → Geschicklichkeit

MITSPIELER → 2 bis 8 Spieler

ALTER → ab 8 Jahre

ZEITBEDARF → ca. 5 Minuten

ZUBEHÖR → 1 Spielplatte, 1 Kreisel, 9 Kegel aus Holz

ZIEL → Wer die meisten Kegel umwirft, gewinnt das Spiel!

GESCHICHTE → Dieses Spiel hat eine lange Tradition in Tirol und wird besonders bei gesellschaftlichen Anlässen gespielt.

→ Das Tiroler Tischkegelspiel ist eine Miniaturversion des traditionellen Kegelns, wird aber auf einem Tisch gespielt.

SPIELANLEITUNG

Die Spieler drehen den Kreisel und versuchen, so viele Kegel wie möglich umzustoßen.

Ultner Rumpler

KNOWHOW → Geschicklichkeit

MITSPIELER → 2 bis 5 Spieler

ALTER → ab 5 Jahre

ZEITBEDARF → ca. 30 Minuten

ZUBEHÖR → Tisch und Rumpler mit einem (oder zwei) Kreisel und 15 Kegeln

ZIEL → Wer die höchste Punktzahl hat, gewinnt!

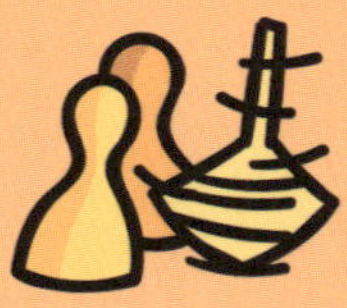

GESCHICHTE → Der Ultner Rumpler ist ein altes Südtiroler Bauernspiel, entstanden um 1900, als es weder Strom noch Fernsehen gab. Das Spiel diente den Menschen zum Zeitvertreib und zur Unterhaltung. Heute noch findet man in einigen Ultner Bauernhäusern verschieden gebaute und noch verwendbare alte Rumpelspiele aus dem vorigen Jahrhundert. Den Namen hat der Ultner Rumpler vom lauten Abrollgeräusch des Kreisels.

SPIELANLEITUNG

Beim Rumpeln (poltern, Krach machen) wird ein kleiner hölzerner Kreisel mit einer ca. 85 cm langen Schnur straff umwickelt und in die Startnische gestellt. Dort wird er durch leichtes Halten mit der linken Hand am Umfallen gehindert und mit der rechten Hand wird die Schnur kräftig abgezogen. Der Kreisel flitzt jetzt durch die kleinen Tore in die verschiedenen Kammern und wirft die darin aufgestellten Holzkegel um. Unter jedem der 15 Kegel steht eine Punktzahl, die nach Stillstand des Kreisels zusammengezählt werden. Der Spieler mit dem höchsten Ergebnis ist der glückliche Gewinner der Spielrunde. Es werden abwechselnd fünf Runden gespielt.

Der Aufbau des Ultner Rumplers:
Die einzelnen Kammern sind nach den Räumen eines Bauernhofes benannt: In der Mitte des Spiels befindet sich die *Stube*, links und rechts davon die *Stallburschenkammern* mit je fünf Punkten und an der Breitseite hinter der Stube die *Knechtkammer* mit zehn Punkten. Die beiden Eckkammern mit 20 Punkten sind den *Pferdeknechten* zugeteilt. In den hinteren Räumen mit 40 Punkten treffen wir auf die *Mägde* und als Krönung gelangen wir ganz hinten in die *Speckkammer* mit 80 Punkten. Bleibt der Kreisel nach dem Ziehen in der Stube liegen und erreicht keine Kammer, gibt es null Punkte für den Stubenhocker.

Mensch ärgere Dich nicht

KNOWHOW → Taktik, Glück

MITSPIELER → 2 bis 4 oder 6 Spieler, je nach Spielbrett

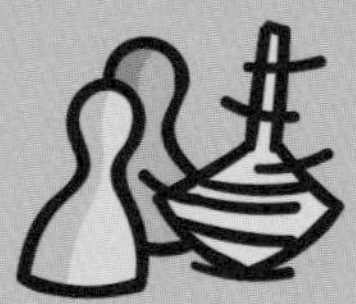

ALTER → ab 6 Jahre

ZEITBEDARF → ca. 30 Minuten

ZUBEHÖR → Spielbrett, Spielfiguren, Würfel

ZIEL → Wer am schnellsten seine Spielfiguren ins Ziel würfelt, gewinnt das Spiel!

GESCHICHTE → Das Spiel wurde 1907/08 von Josef Friedrich Schmidt in Deutschland erfunden und ist eines der bekanntesten Brettspiele weltweit.

→ Mensch ärgere Dich nicht ist wohl eines der bekanntesten Brettspiele und ist mittlerweile unter verschiedenen Namen bekannt: Ludo, Nur keine Aufregung, Pachisi usw.

SPIELANLEITUNG

In diesem Spiel geht es darum, seine eigenen Spielfiguren so schnell wie möglich von seinem eigenen Startfeld aus über eine Spielfeldstrecke ins Ziel zu würfeln. Gleichzeitig versucht man, die gegnerischen Spielsteine so oft es geht rauszuschmeißen!

Mühle

KNOWHOW → Taktik, strategisches Denken

MITSPIELER → 2 Spieler

ALTER → ab 6 Jahre

ZEITBEDARF → ca. 30 Minuten

ZUBEHÖR → 1 Spielbrett, 18 Spielsteine

ZIEL → Wer dem Gegner so viele Spielsteine nimmt dass dieser nur noch zwei Steine auf dem Spielfeld hat und somit keine Mühle mehr bilden kann, hat gewonnen!

GESCHICHTE → Mühle hat seine Ursprünge in der Antike und war besonders im Mittelalter in Europa populär.

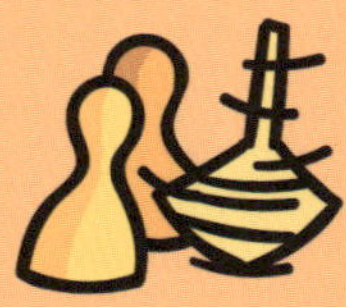

→ Mühle ist ein strategisches Brettspiel für zwei Spielende, bei dem es darum geht, durch das Setzen und Verschieben von Steinen sogenannte Mühlen zu bilden, um die Steine des Gegners zu entfernen. Eine Mühle entsteht, sobald drei Spielsteine einer Farbe auf einer Geraden nebeneinander liegen. Dies gilt sowohl für vertikale als auch für horizontale Geraden.

SPIELANLEITUNG

Beide Spieler bekommen neun Spielsteine und dürfen diese nacheinander auf dem Spielfeld (immer nur an Schnittstellen der Linien) platzieren. Sind alle Steine platziert, so darf man diese nur noch schiebend und jeweils bis zur nächsten Schnittstelle bzw. Ecke bewegen.
Beim Schließen einer Mühle darf man einen Spielstein des Gegenübers an sich nehmen, Ausnahmen sind hierbei geschlossene Mühlen, die darf man nicht zerstören.
Das Ende des Spiels ist erreicht, sobald ein Spieler keinen Zug mehr ausführen kann, obwohl er an der Reihe ist. Dieser Spieler hat das Spiel verloren.

Dame

KNOWHOW → Taktik, strategisches Denken

MITSPIELER → 2 Spieler

ALTER → ab 6 Jahre

ZEITBEDARF → ca. 20 bis 60 Minuten

ZUBEHÖR → Dame-Spielbrett (Schachbrett) mit 8 x 8 Feldern, 16 schwarze Spielsteine, 16 weiße Spielsteine

ZIEL → Hat ein Spieler keine Zug-Möglichkeiten mehr, gewinnt der andere das Spiel!

GESCHICHTE → Dame hat seine Wurzeln im alten Ägypten und wurde im 12. Jahrhundert in Europa populär.

→ Dame ist ein zeitloses Spiel, das strategisches Denken erfordert.

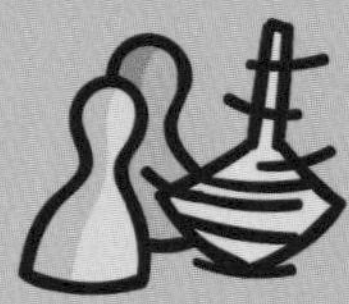

SPIELANLEITUNG

Vor Spielbeginn werden auf beiden Seiten die ersten drei Reihen mit Steinen bedeckt; allerdings nur die schwarzen Felder. Die zwei mittleren Reihen bleiben leer.
Die einzelnen Steine ziehen ein Feld in diagonaler Richtung. Sie kennen nur den Weg vorwärts. Einen gegnerischen Stein schlägt man, indem man ihn schräg überspringt. Dazu muss das dahinterliegende Feld frei sein. Nur so darf der schlagende Stein dort platziert werden. Eigene Spielsteine dürfen dabei nicht übersprungen werden, das kann aber auch als Variante gespielt werden. Das heißt, man darf auch über eigene Steine springen. Das Spiel wird dann einfacher und kann auch mit Kindern gespielt werden.
Erreicht ein Spielstein die gegenüberliegende Grundreihe, wandelt er sich zur Dame. Der Zug endet damit. Eine Dame wird mit einem zweiten Stein markiert. Eine Dame darf beliebig weit vorwärts oder rückwärts ziehen. Sie springt ebenfalls über gegnerische Steine und kann diese schlagen.

Halma

KNOWHOW → Taktik, strategisches Denken

MITSPIELER → 2 bis 4 Spieler

ALTER → ab 6 Jahre

ZEITBEDARF → ca. 30 bis 60 Minuten

ZUBEHÖR → Halma-Spielbrett, 121 Spielsteine

ZIEL → Wer zuerst alle seine Steine in das gegenüberliegende Spielfeld bringt, gewinnt das Spiel!

GESCHICHTE → Halma wurde 1883 von George Howard Monks in den USA erfunden und ist ein Spiel, das Geduld und strategisches Planen erfordert.

→ Halma ist ein Brettspiel, bei dem Spieler ihre Spielsteine durch Hüpfen über andere Steine in das gegenüberliegende Eckfeld bewegen müssen.

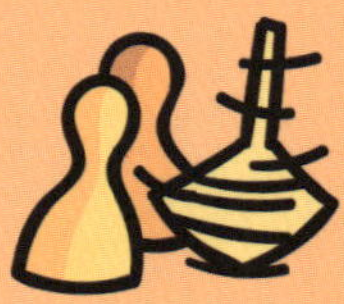

SPIELANLEITUNG

Jeder Spieler sucht sich eine Farbe aus und stellt die entsprechenden Spielsteine in der entsprechenden Farb-Ecke des Spielfeldes auf.

Die eigentliche Strategie von Halma besteht in der Errichtung von Bahnen. Ist ein Zugfeld durch einen eigenen oder gegnerischen Stein besetzt, kann man diesen in der Zugrichtung überspringen. Voraussetzung ist jedoch, dass das Feld hinter dem übersprungenen Stein frei ist.

Wenn man seine Steine geschickt formiert, kann man über mehrere hinwegspringen. Dadurch gelangt man deutlich schneller auf die gegenüberliegende Seite.

Man muss sich bei jedem Zug zwischen Einzelschritt und Springen entscheiden. Beides zusammen ist nicht erlaubt. Springen darf man so lange wie möglich; man wird dazu jedoch nicht gezwungen.

Schach

KNOWHOW → Taktik, strategisches Denken

MITSPIELER → 2 Spieler

ALTER → ab 8 Jahre

ZEITBEDARF → ca. 30 bis 60 Minuten

ZUBEHÖR → Spielbrett, 32 Schachfiguren

ZIEL → Wer den König des Gegners schlägt, gewinnt das Spiel!

GESCHICHTE → Schach hat seine Ursprünge im 6. Jahrhundert in Indien und wurde über Persien und den arabischen Raum nach Europa gebracht. Es ist eines der bekanntesten und anspruchsvollsten Brettspiele der Welt.

→ Schach ist ein strategisches Brettspiel für zwei Spieler, bei dem jeder seine Figuren gemäß festgelegter Bewegungsregeln bewegt, um den König des Gegners schachmatt zu setzen.

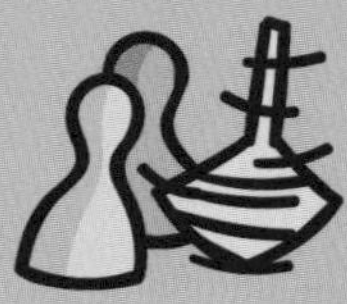

SPIELANLEITUNG

Die Figuren werden auf beiden Seiten gleich platziert. Die zweite Reihe wird komplett mit Bauern besetzt. In die Ecken kommen die Türme und direkt daneben die Springer. Dann folgen die Läufer und in der Mitte steht das königliche Paar. Die Dame kommt immer auf das Feld ihrer Farbe (Weiße Dame -> weißes Feld; Schwarze Dame -> schwarzes Feld) und der König kommt auf das letzte verbleibende Feld.
Jede der 6 Schachfiguren bewegt sich unterschiedlich. Abgesehen vom Springer, der über andere Figuren springen kann, können alle Figuren weder über andere Figuren hinweg noch auf ein bereits von einer anderen eigenen Figur besetztes Feld ziehen. Allerdings kann man auf Felder ziehen, die von einer gegnerischen Figur besetzt sind. Damit schlägt man diese Figur und sie muss das Brett verlassen. Die eigenen Figuren zieht man in der Regel auf Felder, von denen aus man entweder die Figuren des Gegners angreift, eigene Figuren deckt oder sonstige wichtige Felder auf dem Brett kontrolliert.
Es gibt einige Sonderregeln im Schach, die zunächst vielleicht nicht logisch erscheinen. Sie wurden aber eingeführt, um das Spiel unterhaltsamer und interessanter zu machen.

Monopoly

KNOWHOW → Taktik, strategisches Denken, Glück

MITSPIELER → 2 bis 8 Spieler

ALTER → ab 8 Jahre

ZEITBEDARF → ca. 1 bis 3 Stunden

ZUBEHÖR → Spielbrett, Spielfiguren, Karten, Geld, Häuser und Hotels

ZIEL → Wer einen Mitspieler in den Bankrott treibt, gewinnt das Spiel!

GESCHICHTE → Monopoly wurde in den 1930er-Jahren von Charles Darrow entwickelt, basierend auf „The Landlord's Game" von Elizabeth Magie. Es ist eines der bekanntesten Brettspiele der Welt.

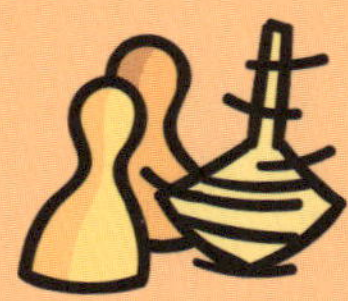

→ Monopoly ist ein Wirtschaftsspiel, bei dem Spieler durch den Kauf, Handel und dem Erwerb von Grundstücken und Immobilien ihr Vermögen aufbauen. Mittlerweile gibt es sehr viele verschiedene Variationen von Monopoly. Das Basisspiel ist aber immer dasselbe, es ändern sich nur die Spielfiguren, die Zahlart oder die Straßenbezeichnungen.

SPIELANLEITUNG

Am Anfang des Spiels erhalten alle Spieler ein bestimmtes Startkapital. Alle starten auf dem Spielfeld „Los" und dürfen sich dann entsprechend ihrer gewürfelten Zahl weiterbewegen. Man darf nur die Grundstücke kaufen, auf denen man durch Würfeln landet. Ereignis- und Gemeinschaftskarten werden je nach Anleitung auf dem Spielfeld gezogen und müssen befolgt werden. Häuser kann man erst bauen, wenn man alle Grundstücke einer Farbgruppe besitzt. Ein Hotel wird erst gebaut, sobald man vier Häuser auf einem Grundstück hat. Auf den Bahnhöfen und Elektrizitäts- und Wasserwerken können weder Häuser noch Hotels erbaut werden. Landet ein Spieler auf dem Feld

„Gehen Sie in das Gefängnis!", so darf er dies entweder nach einer ausgesetzten Runde mit einer gewürfelten 6 oder mit einer „Du kommst aus dem Gefängnis frei – Karte" verlassen.
Gewonnen hat, wer als Einziger noch Geld hat.

Activity

KNOWHOW → Kreativität, kommunikative Fähigkeiten

MITSPIELER → 3 bis 16 Spieler

ALTER → ab 12 Jahre

ZEITBEDARF → ca. 1 Stunde

ZUBEHÖR → Karten, Spielfiguren, Sanduhr, Spielbrett

ZIEL → Das Team, das die meisten Begriffe errät und damit die meisten Punkte erzielt, gewinnt das Spiel!

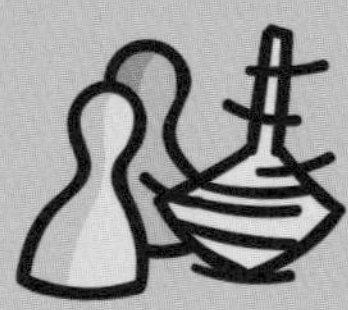

GESCHICHTE → Activity wurde 1990 von den österreichischen Spieleentwicklern Ulrike und Paul Catty erfunden und kombiniert Elemente von Pictionary, Scharade und Tabu.

→ Activity ist ein Gesellschaftsspiel, bei dem Spieler Begriffe durch Zeichnen, Pantomime oder verbale Umschreibungen erklären müssen. Activity gibt es in vielen verschiedenen Variationen, wobei die Grundidee immer dieselbe ist. Es ändert sich nur der Inhalt der Aktivitätskarten oder die Art des Spielfeldes.

SPIELANLEITUNG

Alle Spieler starten mit ihrer Spielfigur auf dem Startfeld.
Der Beginner zieht eine Karte und zeichnet, beschreibt oder stellt den Begriff auf der Karte pantomimisch dar.
Der Spieler, der als Erster herausfindet, welcher Begriff gesucht wird, darf so viele Felder weitergehen, wie der Zahl auf der Rückseite der Karte entsprechen.
Landet man auf einem Feld, auf dem bereits eine Spielfigur steht, so wird diese ein Feld zurückgestellt.
Wer als Erster das Zielfeld erreicht, hat gewonnen.

Siedler von Catan

KNOWHOW → Taktik, strategisches Denken

MITSPIELER → 3 bis 4 Spieler

ALTER → ab 10 Jahre

ZEITBEDARF → ca. 40 bis 60 Minuten

ZUBEHÖR → Brettspiel Siedler von Catan

ZIEL → Wer als Erster 10 Siegpunkte erreicht, gewinnt das Spiel!

GESCHICHTE → Siedler von Catan hat mehrere Auszeichnungen erhalten und ist eines der beliebtesten Spiele in der jüngeren Geschichte, da es sowohl erfahrene als auch neue Spieler ansprechen kann. Die Siedler von Catan war 1995 „Spiel des Jahres".

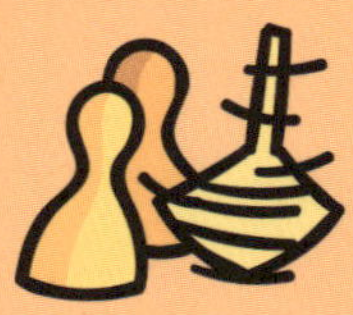

→ In der konstruktiv-kooperativ aufgebauten Simulation erbauen die Spieler auf der Insel Catan Siedlungen, welche Rohstoffeinnahmen bringen, mit denen Straßen, neue Siedlungen und Städte gebaut sowie Ritter zur Verteidigung ausgeschickt werden können.

SPIELANLEITUNG

Mit mehreren sechseckigen Landschaftskarten gründen die Spieler Siedlungen, bauen Straßen und Städte und jeder Spieler muss versuchen, die Vorherrschaft auf Catan zu erringen. Catan entsteht: eine von Meer umgebene Insel mit Gebirgen, Weiden, Hügelland, Ackerland und Wäldern.
Der Tauschhandel beherrscht das Geschehen: Erz gegen Wolle, Ziegel gegen Holz – getauscht wird ganz nach den aktuellen Bauvorhaben.
Jede Siedlung zählt einen Siegpunkt, jede Stadt zwei Siegpunkte. Wer sich geschickt ausbreitet und zuerst zehn Siegpunkte erreicht, gewinnt.

Rummikub

KNOWHOW → Taktik, Glück

MITSPIELER → 2 bis 4 Spieler

ALTER → ab 8 Jahre

ZEITBEDARF → ca. 30 bis 60 Minuten

ZUBEHÖR → 104 Spielsteine mit Aufsteller

ZIEL → Der Spieler, der zuerst alle Spielsteine abgelegt hat, gewinnt das Spiel!

GESCHICHTE → Rummikub wurde in den 1940er-Jahren von Ephraim Hertzano in Israel entwickelt und kombiniert Elemente von Rommé und Mah-Jongg.

→ Das Gesellschaftsspiel für die ganze Familie erinnert sehr an das Kartenspiel Rommé (Seite 37). Es hat ähnliche Regeln und ist besonders mit der Spielvariante Räuberrommé vergleichbar. Im Gegensatz dazu wird es allerdings nicht mit Spielkarten, sondern mit Spielsteinen gespielt.

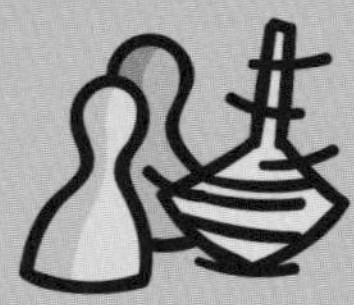

SPIELANLEITUNG

Rummikub ist ein Spiel, bei dem Spieler durch das Bilden von Zahlenfolgen und Sets aus Spielsteinen Punkte sammeln.

Alle Spielsteine werden verdeckt auf den Tisch gelegt und gemischt. Um den Startspieler zu ermitteln, ziehen alle Spieler einen Stein. Der Spieler mit der höchsten Zahl beginnt die Partie. Die Steine werden wieder verdeckt auf den Tisch gelegt und noch einmal gemischt.

Alle Spieler nehmen sich nun 14 Spielsteine und stellen sie in ihr Brett, sodass die anderen Mitspieler sie nicht einsehen können. Die übrigen Rummikub-Steine bleiben verdeckt und werden zu je sieben Steinen als Stapel in die Tischmitte gelegt.

Es gibt insgesamt 104 Spielsteine in vier verschiedenen Farben: Gelb, Rot, Schwarz und Blau und 4 Joker. Man erspielt Punkte, indem man Straßen oder Gruppen legt. Eine Straße ist eine Zahlenfolge von mindestens drei Spielsteinen in derselben Farbe. Eine Gruppe wäre mindestens 3-mal dieselbe Zahl in unterschiedlichen Farben. Später kann man entweder bestehende Gruppen bzw. Straßen ergänzen oder neue bilden. Man darf auch bei bestehenden Gruppen bzw. Straßen Steine wegnehmen,

Hauptsache ist, dass immer zumindest drei Steine zusammenstehen.
Wer nicht ablegen kann, zieht einen Spielstein. Sobald jemand alle seine Spielsteine abgelegt hat, zählen alle anderen Spieler die Werte ihrer Spielsteine zusammen. Diese werden dann bei den Verlierern als Minuspunkte, und beim Gewinner als Pluspunkte notiert.

Scrabble

KNOWHOW → großer Wortschatz, strategisches Denken

MITSPIELER → 2 bis 4 Spieler

ALTER → ab 10 Jahre

ZEITBEDARF → ca. 50 bis 90 Minuten

ZUBEHÖR → Spielbrett, Buchstabensteine, Buchstabenhalter

ZIEL → Wer die meisten Punkte erzielt, gewinnt das Spiel!

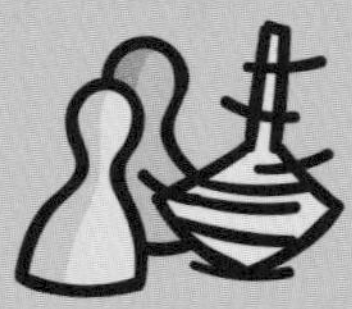

GESCHICHTE → Scrabble wurde 1938 von Alfred Butts erfunden und ist seitdem ein beliebtes Spiel zur Förderung des Wortschatzes und der Rechtschreibung.

→ Dieses Spiel ist einem typischen Kreuzworträtsel auf Papier sehr ähnlich.

SPIELANLEITUNG

Scrabble ist ein Wortspiel, bei dem Spieler Buchstabensteine auf einem Spielbrett zu Wörtern zusammensetzen. Zu Beginn des Spiels müssen alle Spieler sieben Buchstabensteine ziehen. Der erste Spieler legt ein Wort aus mindestens zwei Buchstaben so, dass der Stern in der Mitte des Spielfeldes überdeckt ist.
Die Punkte werden notiert und dann dürfen die anderen Spieler der Reihe nach an das gelegte Wort anbauen, um neue Worte zu formulieren und eigene Punkte zu gewinnen. Ziel ist es, die meisten Punkte zu erzielen, basierend auf den Werten der Buchstaben!

Memory

KNOWHOW → Merkvermögen

MITSPIELER → 2 bis 6 Spieler

ALTER → ab 4 Jahre

ZEITBEDARF → ca. 20 bis 30 Minuten

ZUBEHÖR → 16 oder 24 oder 32 oder 72 Bildkarten, je nach Alter der Spieler

ZIEL → Wer die meisten Paare findet, gewinnt das Spiel!

GESCHICHTE → Memory wurde in den 1950er-Jahren von William Hurter für Ravensburger entwickelt und ist ein einfaches aber effektives Spiel zur Gedächtnisförderung.

SPIELANLEITUNG

Memory ist ein Konzentrationsspiel, bei dem die Spieler Paare von passenden Karten aufdecken müssen.

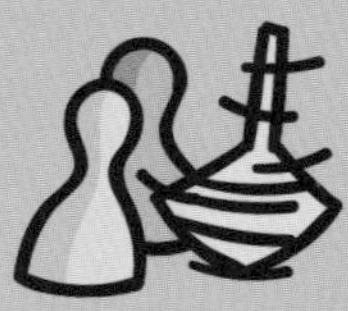

Die Karten werden verdeckt gemischt und nach dem Zufallsprinzip auf dem Tisch verteilt. Der Reihe nach dürfen die Spieler nun jeweils zwei Karten aufdecken. Zeigen diese beiden Karten dasselbe Bild, so darf man das Paar behalten und noch einmal zwei Karten aufdecken, bis sie nicht zweimal dasselbe Bild zeigen.
Das Spiel ist beendet, sobald alle Karten aufgedeckt und alle Pärchen gefunden wurden. Gewonnen hat derjenige, der die meisten Pärchen entdeckt hat.

Domino

KNOWHOW → Taktik, strategisches Denken

MITSPIELER → 2 bis 4 Spieler

ALTER → ab 3 Jahre

ZEITBEDARF → ca. 20 bis 30 Minuten

ZUBEHÖR → 28 Dominosteine

ZIEL → Wer zuerst alle seine Spielsteine ablegt, gewinnt!

GESCHICHTE → Domino stammt ursprünglich aus China und wurde bereits im 12. Jahrhundert gespielt. Es gelangte im 18. Jahrhundert nach Europa, wo es schnell populär wurde, besonders in Italien und Frankreich.

→ Domino ist ein klassisches Legespiel für zwei oder mehrere Spieler.

SPIELANLEITUNG

Jeder Spieler erhält eine bestimmte Anzahl von Dominosteinen, die an beiden Enden mit Punkten versehen sind. Ziel des Spiels ist es, als Erster alle eigenen Steine abzulegen, indem man sie passend an die bereits liegenden Steine anlegt. Ein Stein kann nur dann angelegt werden, wenn die Punktzahl an einem Ende des Steins mit der Punktzahl eines freien Endes eines bereits gelegten Steins übereinstimmt.
Eine Variation des Domino ist das Trionimus. Bei diesem Brettspiel muss man an drei Seiten die richtige Zahl anlegen. Kniffliges und taktisches Familienspiel!

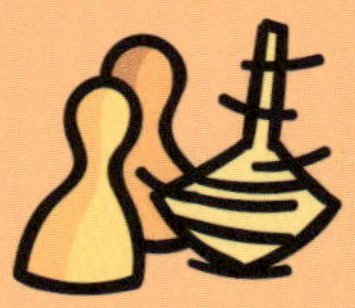

Tombola

KNOWHOW → Taktik, Glück

MITSPIELER → ab 3 Spieler

ALTER → ab 6 Jahre

ZEITBEDARF → ca. 30 Minuten

ZUBEHÖR → Tombola-Karten, einzelne Nummern, 1 Spielplan mit 90 Nummern

ZIEL → Wer zuerst seine Tombola-Karte vervollständigt hat, gewinnt!

GESCHICHTE → Tombola (Bingo) hat seine Wurzeln in Italien und wird besonders zur Weihnachtszeit gespielt. Das Spiel wurde im 18. Jahrhundert populär.

SPIELANLEITUNG

Tombola ist ein Glücksspiel für mehrere Personen, das mit maximal 99 Nummern und mindestens einer Karte pro Person gespielt wird (Europäische Version). Die Karten haben 15 Nummern, eingeteilt in drei Linien mit jeweils fünf Zahlen. Das Ziel des Spiels ist, die Zahlen auf seiner Tombola-Karte zu markieren, die genannt (gezogen) werden. Wer als Erster seine komplette Karte vervollständigt hat, hat das Spiel gewonnen und ruft Tombola!.

Lotti Karotti

KNOWHOW → Glück

MITSPIELER → 2 bis 6 Spieler

ALTER → ab 4 Jahre

ZEITBEDARF → ca. 10 bis 20 Minuten

ZUBEHÖR → Spielstation mit Karotte und Spiel-Bildkarten

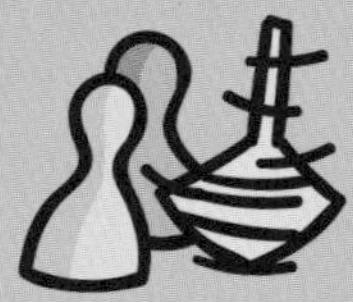

ZIEL → Wer zuerst am Ziel ist, gewinnt!

→ Lotti Karotti ist ein Wettlaufspiel für Kinder ab 4 Jahren: Seit 2001 ist Lotti Karotti das meistverkaufte Kinderspiel.

SPIELANLEITUNG

Die Spieler schlüpfen in die Rolle von kleinen Häschen, die einen Wettlauf starten. Nacheinander ziehen die Spieler Karten, auf denen entweder steht, wie viele Felder sie nach vorne hüpfen dürfen, oder es wird angezeigt, dass die Karotte in der Mitte des Spielfeldes gedreht werden soll. Wird die Karotte gedreht, so verändert sich das Spielfeld und es tun sich Löcher (Fallen) auf, in welche die Häschen hineinfallen. Fällt jemandes Häschen in das Loch, so muss von vorne gestartet werden. Das Ziel ist es, als Erster am Hasenhügel bei der Karotte zu sein.

Mikado

KNOWHOW → Fingerfertigkeit, Konzentrationsvermögen

MITSPIELER → 2 bis 6 Spieler

ALTER → ab 3 Jahre

ZEITBEDARF → ca. 15 bis 30 Minuten

ZUBEHÖR → 41 Holzstäbchen

ZIEL → Ziel ist es, so viele Mikado-Stäbchen wie möglich aus dem Haufen zu ziehen, ohne die anderen Stäbchen zu bewegen.

GESCHICHTE → Mikado ist ein Geschicklichkeitsspiel, das seine Wurzeln in Europa hat und besonders im 20. Jahrhundert populär wurde.

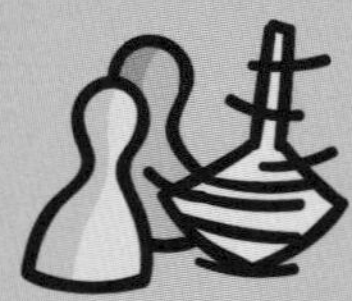

SPIELANLEITUNG

Mikado ist ein Geschicklichkeitsspiel, bei dem Spieler Stäbchen von einem Haufen entfernen müssen, ohne die anderen Stäbchen zu bewegen. Vor Beginn des Spiels müssen die Holzstäbe so auf die glatte Spieloberfläche fallen gelassen werden, dass ein Haufen entsteht und sie alle zufällig angeordnet liegen.

Dann muss man der Reihe nach versuchen, so viele Stäbchen wie möglich aus dem Haufen zu ziehen. Bewegt man – beim Versuch, einen Holzstab zu ziehen – einen anderen Holzstab, so muss man abbrechen und beide Stäbchen auf dem Spielfeld liegen lassen. Bewegt man keinen anderen Stab, darf man den gezogenen Stab behalten.

Dann ist der nächste Spieler an der Reihe und es geht so weiter, bis kein Holzstab mehr auf dem Spielfeld ist.

Fuchs und Gans

KNOWHOW → Taktik, strategisches Denken

MITSPIELER → 2 Spieler

ALTER → ab 5 Jahre

ZEITBEDARF → ca. 20 bis 30 Minuten

ZUBEHÖR → Spielbrett Fuchs und Gans, 13 Gänse-Spielsteine, 1 Fuchs-Spielstein

ZIEL → Wer als Erster im Ziel ankommt, gewinnt das Spiel!

GESCHICHTE → Dieses Spiel wurde schon vor hunderten von Jahren gespielt, besonders in Skandinavien und Deutschland.

SPIELANLEITUNG

Fuchs und Gans ist ein strategisches Brettspiel für zwei Spieler. Ein Spieler übernimmt die Rolle der Gänse, der andere die des Fuchses.

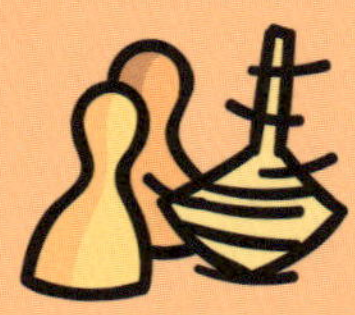

Die Gänse versuchen, den Fuchs durch geschicktes Bewegen auf dem Spielbrett zu blockieren, während der Fuchs versucht, die Gänse zu überspringen und zu schlagen. Das Spiel endet, wenn der Fuchs keine Züge mehr machen kann oder wenn die Gänse nicht mehr ausreichend viele sind, um den Fuchs zu blockieren.

Leiterspiel

KNOWHOW → Glück

MITSPIELER → 2 bis 6 Spieler

ALTER → ab 4 Jahre

ZEITBEDARF → ca. 15 bis 30 Minuten

ZUBEHÖR → Spielbrett, Spielfiguren, Würfel

ZIEL → Wer als Erster das Ende des Spielfeldes erreicht, gewinnt das Spiel!

GESCHICHTE → Das Spiel hat seinen Ursprung im alten Indien, wo es Moksha Patam genannt wurde und eine moralische Erziehung vermittelte.

SPIELANLEITUNG

Leiterspiel ist ein einfaches Würfelspiel für zwei oder mehrere Spieler. Die Spieler bewegen ihre Spielfiguren entsprechend der gewürfelten Zahl auf einem Spielbrett, das mit Leitern und Schlangen versehen ist. Landet ein Spieler auf einer Leiter, kann er schneller vorankommen. Landet er jedoch auf einer Schlange, rutscht er wieder zurück.

Make' n' Break

KNOWHOW → Geschicklichkeit und Geschwindigkeit

MITSPIELER → 2 bis 4 Spieler

ALTER → ab 8 Jahre

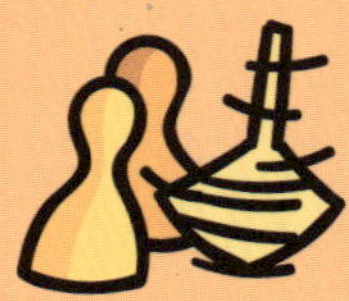

ZEITBEDARF → ca. 30 Minuten

ZUBEHÖR → Bausteine, Baukarten, Sanduhr

ZIEL → Wer die meisten Punkte hat, gewinnt!

GESCHICHTE → Make' n' Break wurde 2004 von Ravensburger veröffentlicht.

→ Make' n' Break ist ein Geschicklichkeitsspiel für zwei oder mehrere Spieler und erfreut sich seitdem großer Beliebtheit als Familienspiel.

SPIELANLEITUNG

Die Spieler versuchen, innerhalb eines Zeitlimits Bauwerke aus bunten Holzklötzen nach Vorlagenkarten nachzubauen. Es gibt die blauen und roten Karten (leichte und schwierige Version). Die verfügbare Zeit zum Bauen ist jeweils davon abhängig, was man würfelt. Je schneller und präziser die Bauwerke nachgebaut werden, desto mehr Punkte erhält der Spieler. Das Spiel fördert räumliches Denken und Geschicklichkeit.

Jenga

KNOWHOW → Geschicklichkeit, strategisches Denken

MITSPIELER → ab 1 Spieler

ALTER → ab 6 Jahre

ZEITBEDARF → ca. 10 bis 20 Minuten

ZUBEHÖR → 54 Holzklötze

ZIEL → Ziel ist es, so viele Holzklötze wie möglich aus dem Turm zu ziehen und oben draufzulegen, ohne dass der Turm einstürzt.

GESCHICHTE → Jenga wurde in den 1980er-Jahren von Leslie Scott entwickelt und hat sich seitdem zu einem weltweit beliebten Spiel entwickelt.

SPIELANLEITUNG

Jenga ist ein Geschicklichkeitsspiel, bei dem die Spieler abwechselnd einen Holzklotz aus einem Turm ziehen und ihn oben auf den Turm legen, ohne dass der Turm einstürzt.

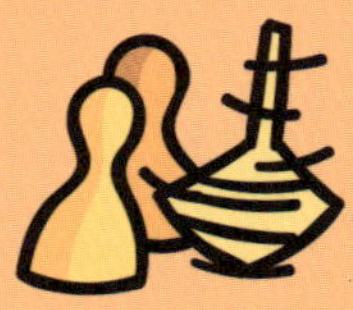

Das Spiel erfordert eine ruhige Hand und strategisches Denken, um den Turm so stabil wie möglich zu halten. Der Spieler, bei dessen Zug der Turm einstürzt, verliert das Spiel.

Klappenspiel

KNOWHOW → Geschicklichkeit

MITSPIELER → 1 bis 4 Spieler

ALTER → ab 6 Jahre

ZEITBEDARF → ca. 10 bis 20 Minuten

ZUBEHÖR → Spielbrett mit Klappen (1–9 oder 1–12), zwei Würfel

ZIEL → Ziel ist es, als Erster alle Klappen des Spielbretts zu schließen!

GESCHICHTE → Shut the Box ist ein traditionelles Würfelspiel, das seinen Ursprung vermutlich in Frankreich hat. Es wurde ursprünglich in Kneipen gespielt und hat sich als beliebtes Spiel weltweit verbreitet.

SPIELANLEITUNG

Das Klappenspiel (Shut the Box) ist ein strategisches Würfelspiel, bei dem Spieler versuchen, alle Klappen eines Spielbretts zu schließen. Der Spieler würfelt mit zwei Würfeln und nutzt die Augensumme, um eine oder mehrere Klappen zu schließen (z. B. bei 8 Augen: Klappe 8, 7+1, 6+2, usw.). Solange der Spieler Klappen schließen kann, darf er weiterwürfeln. Der Zug endet, wenn keine Klappen mehr geschlossen werden können. Die Summe der offenen Klappen wird als Minuspunkte notiert. Das Spiel wird im Uhrzeigersinn fortgesetzt und ist sowohl alleine als auch mit mehreren Spielern unterhaltsam.

Das Super-Oma-Enkel-Spiel!

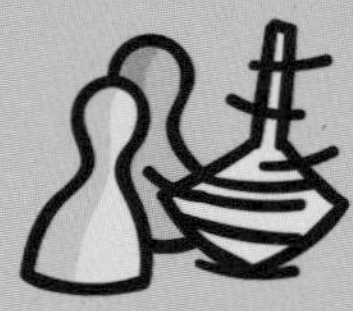

Alpenroulette

KNOWHOW → Glück

MITSPIELER → ab 2 Spieler

ALTER → ab 7 Jahre

ZEITBEDARF → ca. 20 Minuten

ZUBEHÖR → Spielbrett aus Holz mit Kreisel und Kugeln

ZIEL → Wer die meisten Punkte erspielt, gewinnt!

GESCHICHTE → Alpenroulette hat seine Wurzeln in den Gasthäusern Südtirols und wird seit Jahrhunderten dort gespielt.

SPIELANLEITUNG

Das Alpenroulette ist ein unterhaltsames Spiel für jede Altersgruppe ab sieben Jahren. Kopfrechnen wird spielerisch geübt und geschult. Durch Drehen des Kreisels in der Mitte des Spieltellers werden die sechs Kugeln in die acht Vertiefungen und mit etwas Glück in die vier Außenschalen mit Werten von 25 bis 100 Punkten geschleudert.

Ein Dauerbrenner bei Jung und Alt!

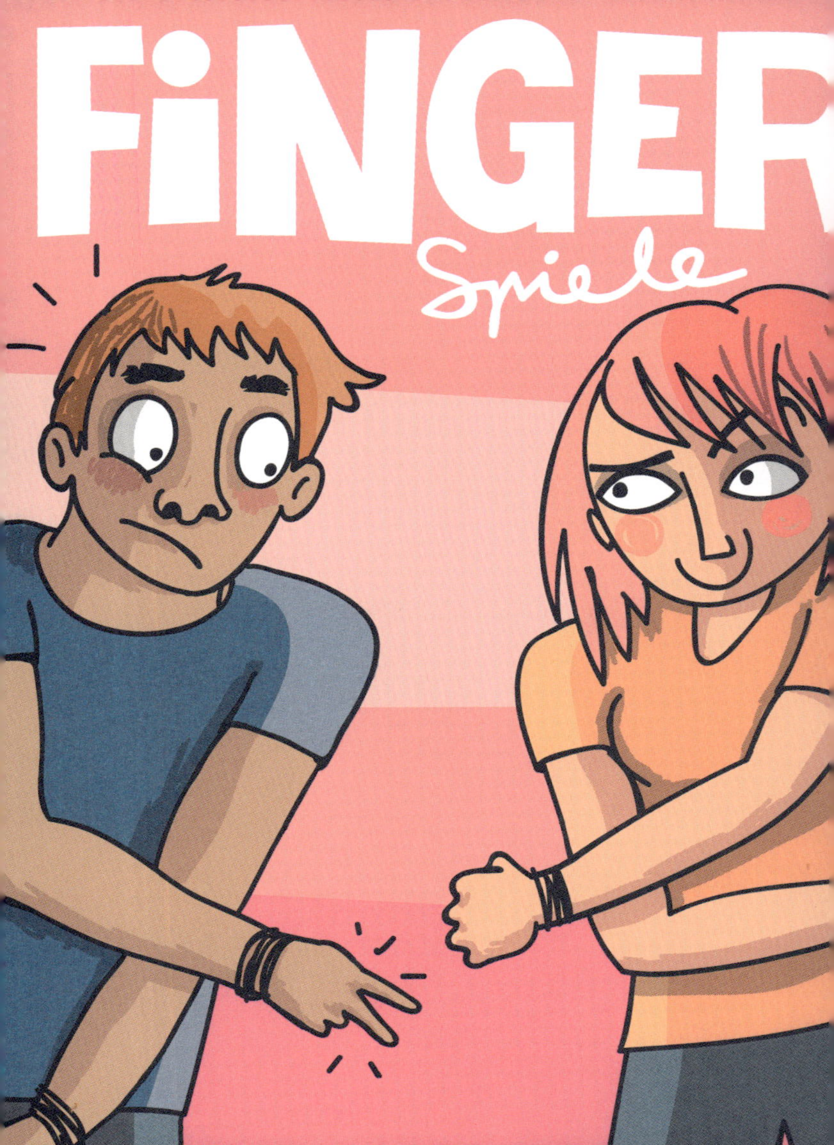
FiNGER
Spiele

Fingerspiele sind ein wertvolles pädagogisches Werkzeug, das Spaß macht und gleichzeitig verschiedene Entwicklungsbereiche von Kindern aber auch Erwachsenen fördert. Sie sind flexibel einsetzbar und erfordern keine zusätzlichen Materialien, wodurch sie überall und jederzeit gespielt werden können.

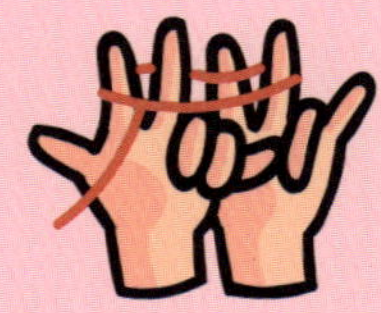

Schere-Stein-Papier

KNOWHOW → strategisches Denken, Glück

MITSPIELER → 2 Spieler

ALTER → ab 4 Jahre

ZEITBEDARF → variabel

ZUBEHÖR → keines notwendig

ZIEL → Ziel ist es, so oft wie möglich den Gegner zu schlagen!

GESCHICHTE → Das Spiel hat seine Wurzeln im alten China und wurde später in Japan als „Jan-Ken" populär, bevor es weltweit Verbreitung gefunden hat.

→ Schere-Stein-Papier ist ein einfaches Zwei-Personen-Spiel, das oft zur Entscheidungsfindung jeglicher Art genutzt wird. Der Gewinner darf (egal wofür) die Entscheidung treffen.

SPIELANLEITUNG

Beide Spieler zeigen gleichzeitig eine von drei Handformen: Schere, Stein oder Papier. Schere schneidet Papier, Papier bedeckt Stein und Stein schlägt Schere. Der Gewinner wird durch die Regeln dieser Hierarchie bestimmt.

Es gibt verschiedene Bezeichnungen für dieses Spiel:

- Schere – Stein – Papier
- Schnick – Schnack – Schnuck

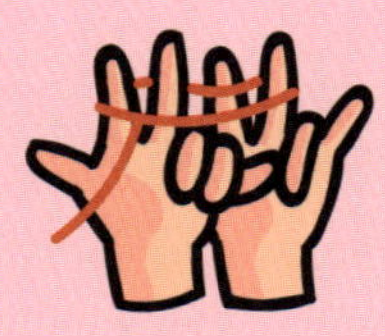

Mora

KNOWHOW → Glück

MITSPIELER → ab 2 Spieler

ALTER → ab 5 Jahre

ZEITBEDARF → variabel

ZUBEHÖR → Hände

ZIEL → Wer die richtige Finger-Anzahl zeigt, gewinnt!

GESCHICHTE → Das Moraspiel im heutigen Sinne war bereits im Römischen Reich bekannt und weit verbreitet. In der Literatur und in der Malerei taucht das Moraspiel bereits seit 1324 auf.

→ Dieses Spiel kann man gut zwischendurch spielen, um sich die Zeit zu vertreiben.

SPIELANLEITUNG

Jeder hält eine Faust vor sich hin. Gleichzeitig lösen die Spieler einige Finger aus der Faust und rufen entweder *Schmeckts* oder *Stinkts*. Ist die Summe gerade, gewinnt der Spieler, der *Schmeckts* gerufen hat, ist die Summe ungerade, gewinnt der Spieler, der *Stinkts* gerufen hat.

SPIELVARIATION

Alle Spieler heben eine Hand, die zur Faust geballt ist, über den Kopf. Gemeinsam rufen sie „eins, zwei, drei" und bei „drei" strecken alle die geöffnete Faust vor den Oberkörper und zeigen eine beliebige Anzahl an Fingern. Gleichzeitig nennen sie eine Zahl, mit der jeder eine Schätzung darüber abgibt, wie viele Finger momentan gerade in die Luft gestreckt werden. Nun werden die Finger zusammengezählt und der, der am nächsten an der richtigen Zahl liegt, gewinnt.

Lieblings-Tata-Spiel!

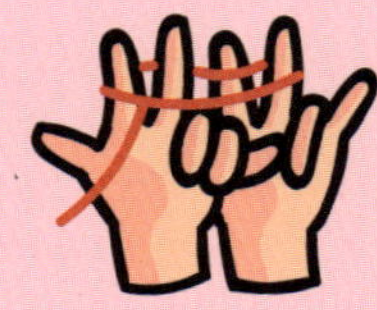

Adomino Schmeck

KNOWHOW → Geschicklichkeit, Reaktionsfähigkeit

MITSPIELER → ab 2 Spieler

ALTER → ab 4 Jahre

ZEITBEDARF → variabel

ZUBEHÖR → keines notwendig

ZIEL → Wer den Anweisungen so schnell wie möglich ohne Fehler folgt, gewinnt das Spiel!

→ Adomino Schmeck (Hase – Pistole – Karotte) wird oft in Kindergärten und Grundschulen gespielt, um die Feinmotorik und die Hand-Augen-Koordination zu fördern.

SPIELANLEITUNG

Reihum geben die Spieler die Anweisungen. Die Spieler wechseln schnell zwischen den Gesten *Hase* (Victory-Symbol mit Mittel- und Zeigefinger), *Pistole* (Zeigefinger und Daumen bilden eine Pistole) und *Karotte* (Hände flach aufeinander).

Wie viele Finger?

KNOWHOW → Taktik, Glück

MITSPIELER → ab 2 Spieler

ALTER → ab 6 Jahre

ZEITBEDARF → ca. 5 bis 10 Minuten

ZIEL → Wer zuerst 10 Punkte hat, hat gewonnen!

ZUBEHÖR → keines notwendig

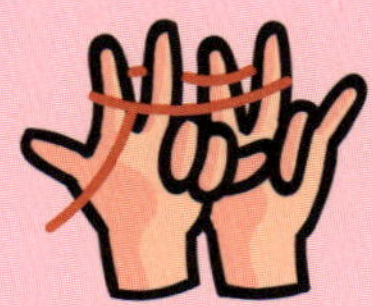

SPIELANLEITUNG

Für dieses Spiel ballen alle Spieler ihre Hände zur Faust. Nun schwingt man die Fäuste dreimal hin und her. Nach dem dritten Schwingen streckt man beliebig viele Finger hoch. Gleichzeitig sagt jeder der Spieler eine Zahl. Mit dieser Zahl versucht man zu erraten, wie viele Finger insgesamt zu sehen sind.

Wenn ein Spieler zum Beispiel zwei Finger ausstreckt und dabei *fünf* ruft, hofft er, dass der andere Spieler drei Finger zeigt. Streckt der andere Spieler mehr oder weniger Finger, hat der Spieler falsch geraten.

Wer richtig rät, bekommt einen Punkt. Wenn beide richtig liegen, erhalten beide einen Punkt. Gewonnen hat, wer zuerst zehn Punkte sammeln kann.

Fadenspiel

KNOWHOW → Geschicklichkeit, Kreativität

MITSPIELER → ab 1 Spieler

ALTER → ab 4 Jahre

ZEITBEDARF → variabel

ZUBEHÖR → Ein Stück Faden oder eine Schnur

ZIEL → Ziel ist es, möglichst komplexe Formen mit einer Schnur zu bilden.

GESCHICHTE → Fadenspiele haben eine lange Geschichte und wurden in vielen Kulturen auf der ganzen Welt gespielt, von indigenen Völkern bis zu europäischen Kindern.

→ Fadenspiele fördern die Feinmotorik und Kreativität.

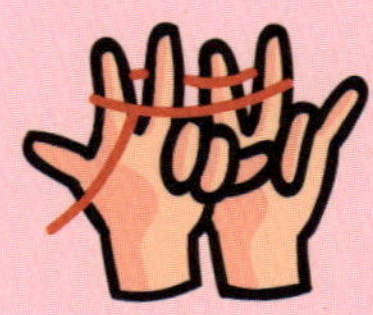

SPIELANLEITUNG

Fadenspiele sind Geschicklichkeitsspiele, bei denen Spieler mit einer Schnur verschiedene Figuren und Muster mit ihren beiden Händen gestalten.
Ein bekanntes Fadenspiel ist die sogenannte Katzenwiege: Bei zwei Spielern nimmt ein Spieler das Fadenkonstrukt des anderen diesem mit einer speziellen Technik so aus der Hand, dass er es währenddessen mit seinen eigenen Händen in eine noch komplexere Form umwandeln kann.

Rückenbild

KNOWHOW → Konzentration, Kreativität

MITSPIELER → ab 4 Spieler

ALTER → ab 6 Jahre

ZEITBEDARF → variabel

ZUBEHÖR → Papier und Stift

ZIEL → Ziel ist es, möglichst viele Bilder richtig zu malen und zu erspüren.

SPIELANLEITUNG

Die Spieler stellen sich hintereinander auf und schauen alle in eine Richtung. Dem Letzten in der Reihe wird eine Zeichnung gezeigt. Derjenige muss nun mit dem Finger das Bild auf dem Rücken der Person vor ihm nachmalen. Nacheinander geben die Spieler das Bild auf dem Rücken ihres Vordermannes wieder. Der Erste der Reihe malt die Zeichnung auf ein Blatt Papier, damit die Gruppe die Zeichnung mit dem ursprünglichen Bild vergleichen kann.

Es fliegt, es fliegt …

KNOWHOW → Konzentration, Kreativität

MITSPIELER → ab 4 Spieler

ALTER → ab 3 Jahre

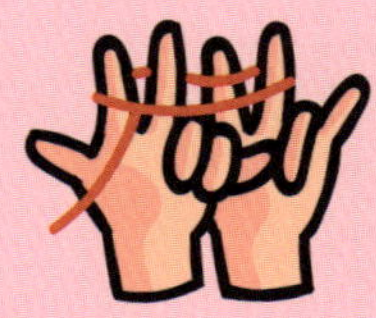

ZEITBEDARF → variabel

ZUBEHÖR → Hände

ZIEL → Wer als Letzer der Runde übrigbleibt, gewinnt das Spiel!

→ Je mehr Leute an diesem Spiel teilnehmen, desto lustiger!

SPIELANLEITUNG

Alle sitzen z. B. um einen Tisch und klopfen mit den Zeigefingern auf die Tischkante. Jemand wird als Spielleiter bestimmt und ruft: Es fliegt, es fliegt … der Schmetterling!, Es fliegt, es fliegt … das Flugzeug!, dabei kann man sich verschiedene Dinge ausdenken.
Jedes Mal, wenn ein fliegendes Objekt genannt wird, strecken alle die Zeigefinger in die Höhe. Der Spielleiter versucht, die anderen reinzulegen, und nennt Dinge, die *nicht* fliegen können. Beispiel: Es fliegt, es fliegt … das Auto! Wer in diesem Fall auch die Zeigefinger in die Höhe streckt, scheidet aus oder ruft als Nächster.

Das ist der Daumen ...

KNOWHOW → Konzentration, Sprachverständnis

MITSPIELER → 2 Spieler

ALTER → ab 1 Jahr

ZEITBEDARF → variabel

ZUBEHÖR → Hände

→ Fingerspiele wie „Das ist der Daumen ..." gibt es bereits seit vielen, vielen Jahren. Durch die kurzen Reime und die dazugehörigen Bewegungen lernen Kleinkinder ihre Finger kennen und schulen ihre Motorik.

SPIELANLEITUNG

Babys und Kleinkindern muss man beim Wackeln mit den Händen zunächst noch helfen; wenn sie größer sind, können sie die Bewegungen alleine durchführen.

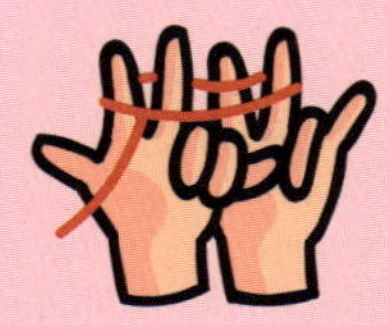

Das ist der Daumen,
Daumen
der schüttelt die Pflaumen,
Zeigefinger
der hebt sie auf,
Mittelfinger
der trägt sie nach Haus,
Ringfinger
und der Kleine … isst sie alle auf!
kleiner Finger (mit der Hand den Bauch kitzeln)

Kommt die Maus, kommt die Maus,
mit den Fingern den Arm raufklettern
ringl ringl ringl,
Klingelgeräusche und kurzes Ohrziehen
klopft an,
mit dem Zeigefinger an die Stirn klopfen
Guten Tag!
mit Zeigefinger und Daumen die Nase leicht zwicken

Klatschspiel

KNOWHOW → Geschicklichkeit, Kreativität

MITSPIELER → 2 Spieler

ALTER → ab 3 Jahre

ZEITBEDARF → variabel

ZUBEHÖR → Handflächen

ZIEL → Die Handflächen werden mit einem anderen Spieler zu verschiedenen Reimen in unterschiedlichen Rhythmen geklatscht!

→ Gemeinsam klatschen, Spaß haben und verschiedene Reime ausdenken, wird wohl seit Beginn der Menschheit gespielt worden sein. Ist einfach lustig!

SPIELANLEITUNG

Für die Klatschspiele gibt es sehr viele Reime, die von Generation zu Generation verändert und an den moderneren Sprachgebrauch angepasst werden.

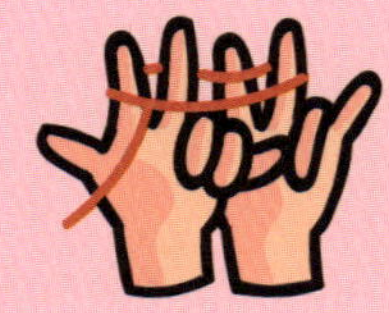

Im Folgenden einige Klatschspielverse:

Ene meine ming mang,
ching gang, sing sang,
ene meine pipfax,
eia weia weg!

Beim Bäcker hats gebrannt, brannt, brannt,
da bin ich schnell gerannt, rannt, rannt,
da kam der Polizist, zist, zist,
der schrieb mich auf die List, List, List,
da lief ich in den ersten Stock,
da lief ich in den zweiten Stock,
da stand der Hund im Unterrock!

Und die Lies Lies Lies,
schaut so fies fies fies,
und der Seppl Seppl Seppl,
dieser Deppl Deppl Deppl,
fällt ins Loch Loch Loch,
ganz schön tief tief tief,
in den Mief Mief Mief,
da schreit er hu hu hu,

mir fehlt mein Schuh Schuh Schuh,
und die lustige Kuh bist du!

Scheren schleifen, *(zwei Hände)*
Scheren schleifen,
ist die beste Kunst.
Die rechte Hand, *(rechts und links abwechselnd)*
die linke Hand,
die geben wir als unser Pfand!
Da hast sie,
da nimmst sie,
da hast sie alle zwei! *(beide Hände)*

Himpelchen und Pimpelchen

KNOWHOW → Geschicklichkeit, Motorik

MITSPIELER → ab 2 Spieler

ALTER → ab 2 Jahre

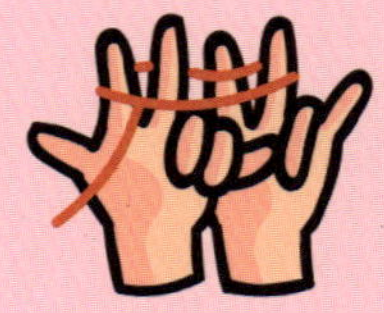

ZEITBEDARF → variabel

ZUBEHÖR → Hände

ZIEL → Es werden bestimmte motorische Bewegungen zu einem bestimmten Text ausgeführt!

SPIELANLEITUNG

Himpelchen und Pimpelchen,
die stiegen auf einen hohen Berg.

Fäuste bilden, Daumen zeigen nach oben, Hände himmelwärts bewegen.

Himpelchen war ein Heinzelmann
und Pimpelchen ein Zwerg.

Erst mit dem rechten, dann mit dem linken Daumen wackeln.

Sie blieben lange dort oben sitzen
und wackelten mit ihren Zipfelmützen.

Mit den Händen eine Zipfelmütze auf dem Kopf bilden.

Doch nach vielen Wochen
sind sie in den Berg gekrochen.

Die Daumen in die Fäuste stecken.

Schlafen dort in guter Ruh.
Seid mal still und horcht gut zu!

Die Hände aufeinanderlegen und den Kopf darauf „schlafen" legen.

Ch ch ch ch ch…
Holadrio Holladriaaaaaaa,
Himpelchen und Pimpelchen sind wieder da!

Die Daumen wieder zeigen und mit ihnen wackeln.

Mit den Fingerlein

KNOWHOW → Koordinations- und Reaktionsfähigkeit

MITSPIELER → ab 4 Spieler

ALTER → ab 3 Jahre

ZEITBEDARF → variabel

ZUBEHÖR → keines notwendig

ZIEL → Mit dem richtigen Körperteil muss zum richtigen Wort geklopft werden!

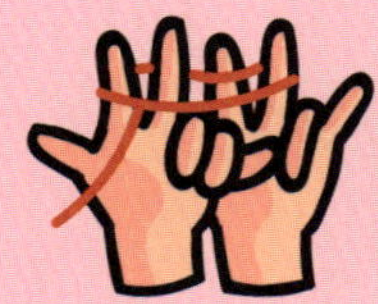

SPIELANLEITUNG

Alle sitzen um einen Tisch und haben ihre Hände auf dem Tisch liegen. Nun sprechen sie ganz langsam folgenden Spruch im Rhythmus:

„Mit den Fingerlein,
mit den Fingerlein,
mit der flachen Hand,
mit den Fäustelein
mit den Fäustelein,
mit Ellebogen,
klatsch klatsch klatsch!"

- Dabei wird immer mit dem entsprechenden Finger, der Hand, der Faust oder dem Ellbogen rhythmisch auf den Tisch geklopft.
- Der Spruch wird bei jeder Runde etwas schneller aufgesagt.
- Wer sich dabei verspricht oder das falsche Körperteil benutzt, muss eine Runde aussetzen.

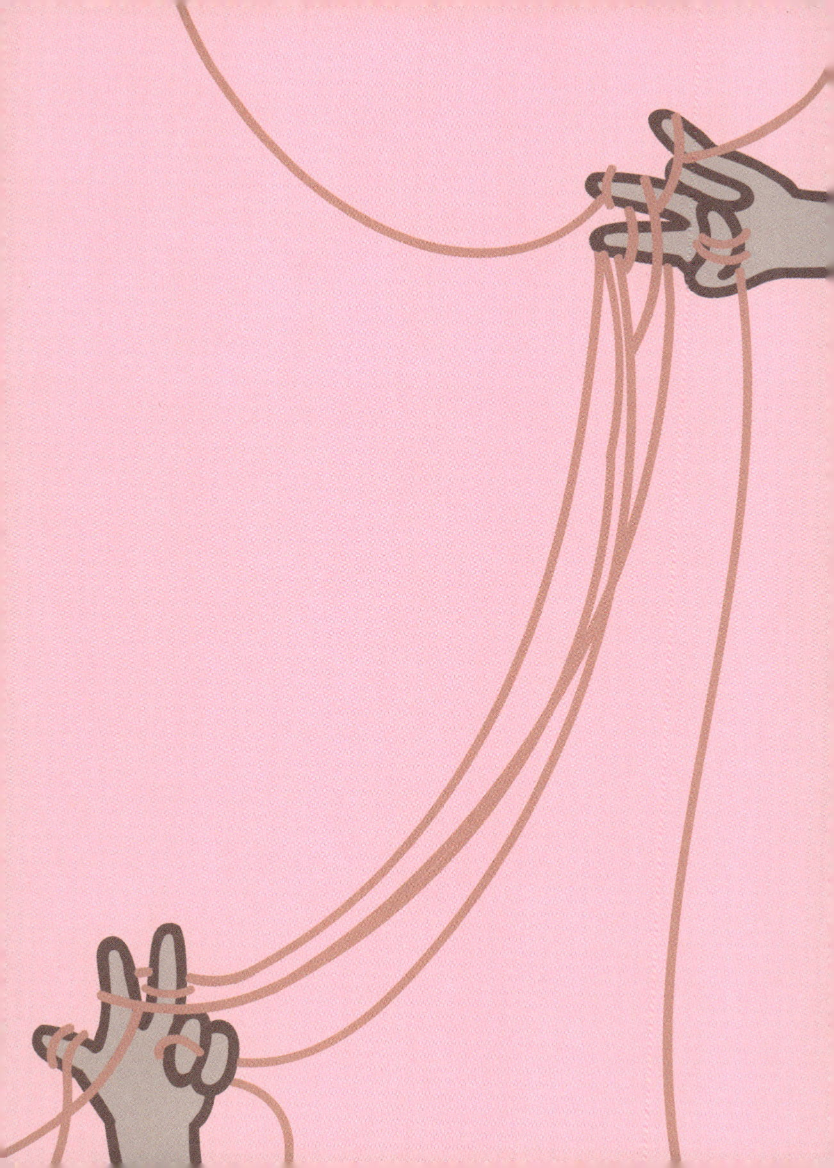

LUFT Spiel BALLON

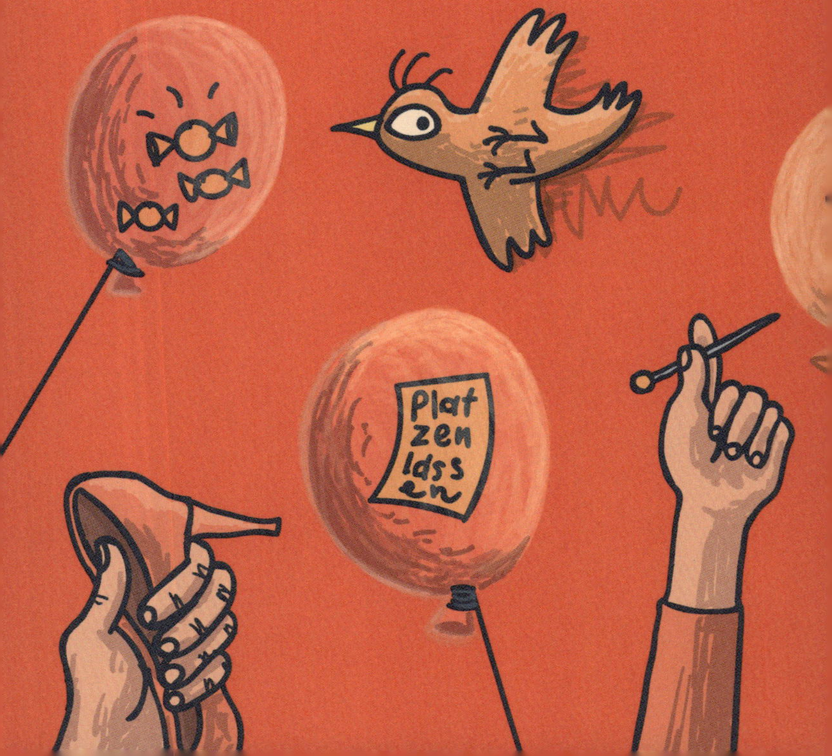

Luftballonspiele sind lustig, brauchen wenig Material und finden bei Kindern und Erwachsenen viel Zuspruch. In Südtirol werden sie bei Geburtstagsfeiern, Partys, aber auch im Freien und mit Großgruppen gespielt.

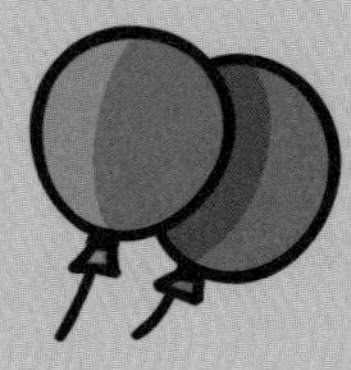

Platzballon

KNOWHOW → Geschicklichkeit, Kondition

MITSPIELER → ab 6 Spieler

ALTER → ab 8 Jahre

ZEITBEDARF → variabel

ZUBEHÖR → Luftballons

ZIEL → Ziel ist es, alle Luftballons zum Platzen zu bringen!

→ Das Spiel wird auch gerne bei Hochzeiten gespielt und ist sehr lustig, auch für den Zuschauer!

SPIELANLEITUNG

Es werden Luftballons mit Schnüren an verschiedenen Personen befestigt und deren Hintermann muss versuchen, ohne Hände und Hilfsmittel den Luftballon zum Platzen zu bringen.

Achtung! Die Ballons sollten sehr gut aufgeblasen sein, ansonsten ist das Spiel sehr schwierig.

Ballon im Ballon

KNOWHOW → Geschicklichkeit

MITSPIELER → ab 4 Spieler

ALTER → ab 5 Jahre

ZEITBEDARF → ca. 10 bis 15 Minuten

ZUBEHÖR → Luftballons (verschiedene Größen)

ZIEL → Ziel ist es, den äußeren Ballon zum Platzen zu bringen und dabei den inneren Ballon nicht zu beschädigen!

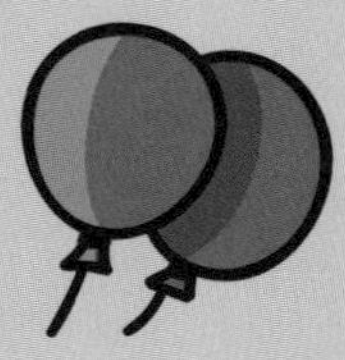

→ Ballon im Ballon ist ein beliebtes Partyspiel, das oft bei Kindergeburtstagen und anderen Feierlichkeiten gespielt wird.

SPIELANLEITUNG

Bei diesem Spiel wird ein kleinerer Ballon in einen größeren Ballon gesteckt. Zuerst wird der innere Ballon aufgeblasen und verknotet, dann der äußere. Ziel ist es, den äußeren Ballon zum Platzen zu bringen, ohne den inneren Ballon zu beschädigen. Das Spiel erfordert Geschicklichkeit und sanften Umgang mit den Ballons.

SPIELVARIATION

Einen besonders coolen Spielball bekommt man, wenn man einen Luftballon mit Wasser füllt und verknotet, diesen in einen normalen Ballon steckt und diesen äußeren Ballon mit Luft füllt und ebenfalls verknotet. Probiert es aus! Es entsteht ein „besoffener" Ballon!

Spaghetti und Luftballon

KNOWHOW → Geschicklichkeit

MITSPIELER → ab 4 Spieler

ALTER → ab 5 Jahre

ZEITBEDARF → ca. 10 bis 15 Minuten

ZUBEHÖR → Luftballons und Spaghetti

ZIEL → Wer als Letzter noch im Spiel bleibt, gewinnt das Spiel!

→ Ein beliebtes Partyspiel, das oft bei Kindergeburtstagen und anderen Feierlichkeiten gespielt wird.

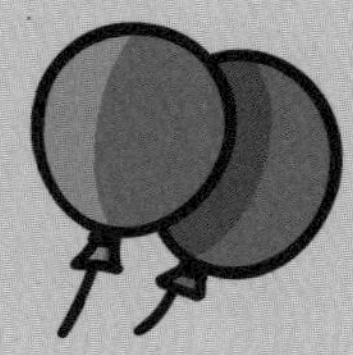

SPIELANLEITUNG

In diesem Spiel erhält jeder Spieler einen Luftballon und ein paar Spaghetti (alternativ kann auch eine Orange oder ähnliches verwendet werden). Ziel ist es, gleichzeitig einen Luftballon in der Luft zu halten und ein paar Spaghetti (Orange) auf der flachen Hand zu balancieren.
Wer den Luftballon oder die Spaghetti (Orange) fallen lässt, scheidet aus. Das Spiel erfordert Geschicklichkeit und Koordination, da zwei Aufgaben gleichzeitig bewältigt werden müssen.

Watte pusten

KNOWHOW → Geschicklichkeit und Ausdauer

MITSPIELER → ab 2 Spieler

ALTER → ab 3 Jahre

ZEITBEDARF → variabel

ZUBEHÖR → Wattebausch und Luftballon

ZIEL → Wer den Wattebausch als Erster ins Ziel bläst, gewinnt!

SPIELANLEITUNG

Ein Wattebausch muss mithilfe eines Luftballons über eine Strecke in ein Ziel (z. B. Tor, Teller, Tasse ...) geblasen werden. Geht dem Ballon die Puste aus, dann muss nochmals „nachgeladen" und aufgeblasen werden.

SPIELVARIATION

Dasselbe geht auch einfach mit normaler Atemluft ohne Ballon.

Zum Kaputt-Lachen!

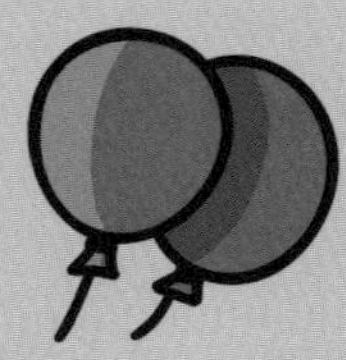

Dreier-Dream-Team

KNOWHOW → Glück

MITSPIELER → ab 6 Spieler

ALTER → ab 3 Jahre

ZEITBEDARF → ca. 5 Minuten

ZUBEHÖR → Luftballon

ZIEL → Das schnellste Team gewinnt!

SPIELANLEITUNG

Drei Spieler bilden ein Team, stellen sich im Kreis auf und umfassen sich mit den Armen an den Schultern. In der Mitte jedes Teams liegt ein Luftballon und muss auf ein Startsignal hin *ohne* Hände nach oben gestupst werden, sodass er über die Köpfe (die Schultern) des Teams außerhalb des Kreises hinausfliegt.

Kohlenlauf

KNOWHOW → Taktik und Glück

MITSPIELER → ab 4 Spieler

ALTER → ab 14 Jahre

ZEITBEDARF → ca. 10 Minuten

ZUBEHÖR → Luftballons, Steine oder Kartoffeln …

ZIEL → Das schnellste Team gewinnt!

SPIELANLEITUNG

Jeweils zwei Spieler bilden ein Team. Zwischen deren Stirn wird ein Luftballon geklemmt. Entweder werden Kartoffeln, bemalte Steine o. ä. in einem Spielfeld oder auf einer Rennstrecke verteilt auf den Boden gelegt, die von den Zweierteams so schnell als möglich eingesammelt werden müssen, ohne dass der Ballon auf den Boden fällt.

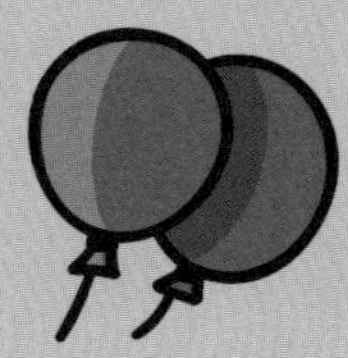

Luftballon-Handball

KNOWHOW → Geschicklichkeit, Glück

MITSPIELER → ab 6 Spieler

ALTER → ab 6 Jahre

ZEITBEDARF → ca. 5 bis 15 Minuten

ZUBEHÖR → Luftballon, Tor, Grenzlinie

ZIEL → Die Mannschaft mit den meisten Toren gewinnt!

SPIELANLEITUNG

Zwei Mannschaften mit jeweils drei Spielern (oder mehreren) versuchen, einen Luftballon ins gegnerische Tor zu schlagen.
Achtung! Der Ballon darf nicht getragen werden, darf also immer nur kurz angetippt werden.

Luftballon-Reise nach Jerusalem

KNOWHOW → Geschicklichkeit, Kondition

MITSPIELER → ab 5 Spieler

ALTER → ab 3 Jahre

ZEITBEDARF → ca. 30 Minuten

ZUBEHÖR → Stühle oder Luftballons

ZIEL → Wer als letzter Spieler einen Luftballon hat, gewinnt das Spiel!

SPIELANLEITUNG

Je nach Spieleranzahl werden Luftballons aufgeblasen; es gibt immer einen Luftballon weniger als Mitspieler. Die Luftballons werden auf einen Haufen in die Mitte des Raumes (oder eines Spielfeldes) gegeben. Musik wird gestartet und bei Musikstopp müssen alle versuchen, einen Luftballon zu ergattern!

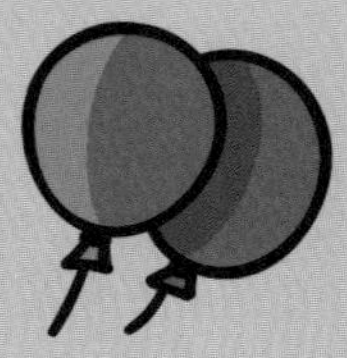

Aufgeladener Ballon

KNOWHOW → Geschicklichkeit, Kondition

MITSPIELER → ab 6 Spieler

ALTER → ab 8 Jahre

ZEITBEDARF → variabel

ZUBEHÖR → Luftballons

ZIEL → Die Mannschaft mit den meisten hängenden Luftballons gewinnt!

SPIELANLEITUNG

Jedes Team muss seine Luftballons aufblasen und verknoten. Anschließend wird der Ballon an der Kleidung oder den Haaren gerieben, um ihn aufzuladen. Danach werden die Ballons an die Wand oder an ein Stück Stoff (z. B. Vorhang) gehängt!

Mannschafts-Luftballons

KNOWHOW → Geschicklichkeit, Energie

MITSPIELER → ab 6 Spieler

ALTER → ab 6 Jahre

ZEITBEDARF → variabel

ZUBEHÖR → Luftballons

ZIEL → Wer als erstes Team alle Luftballons über die gegnerische Linie (Reihe) schlägt, gewinnt das Spiel!

SPIELANLEITUNG

Zwei Mannschaften sitzen sich auf Stühlen in zwei Stuhlreihen gegenüber: Jedes Team hat bis zu drei Luftballons und versucht, durch kräftiges Schlagen die Ballons hinter die gegnerische Reihe zu bringen.

Achtung! Alle müssen auf ihren Stühlen sitzen bleiben und dürfen nicht aufstehen!

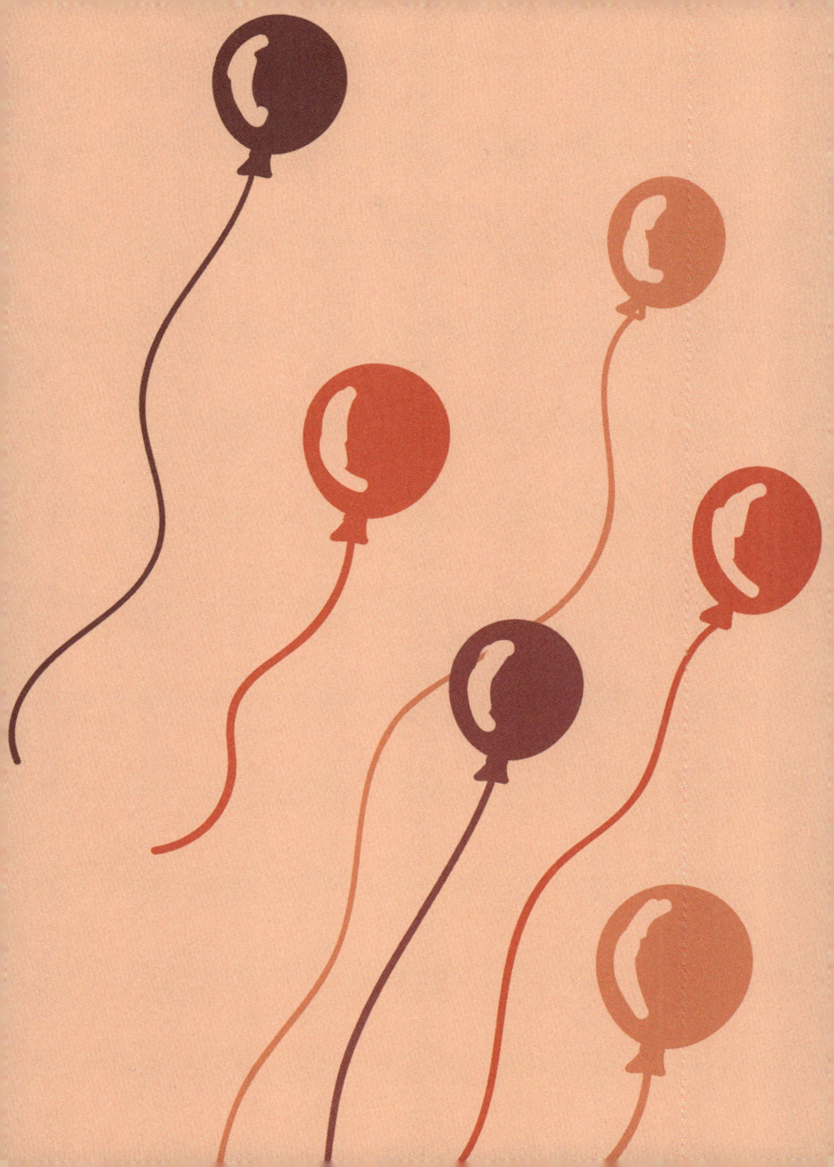

TEAM BUiLDiNG

Spiele

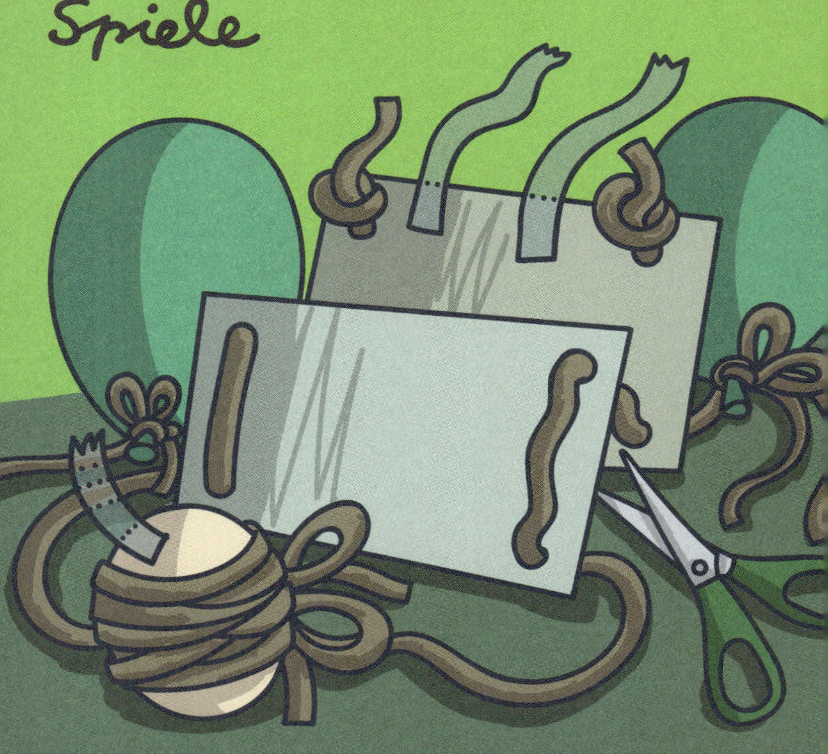

Teambuilding-Spiele sind Spiele, die v. a. in Workshops und bei größeren Gruppen eingesetzt werden. Sie fördern den Zusammenhalt und die Spieler sollen lernen, dass es darauf ankommt, im Team zusammenzuarbeiten, um die jeweiligen Aufgaben bewältigen zu können.

Ei-Wurf-Spiel

KNOWHOW → Geschicklichkeit, Zusammenarbeit

MITSPIELER → 6 bis 100 Spieler

ALTER → ab 14 Jahre

ZEITBEDARF → ca. 15 bis 20 Minuten

ZUBEHÖR → pro Team: 1 rohes Ei, 2 Luftballons, 2 DIN-A4-Blätter, 2 Meter Spagat, Klebestreifen

ZIEL → Das Ei muss den Flug unbeschadet überstehen!

→ Das Ei-Wurf-Spiel ist ein klassisches Teambuilding-Spiel, das Vertrauen und Teamarbeit fördert.

SPIELANLEITUNG

Die Gruppe muss aus den vorgegebenen Materialien eine Konstruktion bauen, die es ermöglicht, ein Ei aus ca. sieben bis neun Metern Höhe unbeschadet auf den Boden fallen zu lassen. Es sind nur die in der Spielanleitung genannten Materialien erlaubt! Verbasteltes Material wird nicht ersetzt und es gibt ein Zeitlimit von 20 Minuten.

Es ist möglich, diese Aufgabe zu lösen, man muss jedoch darauf achten, dass die Fallstrecke nicht kürzer als sieben Meter lang ist und dass die Aufprallfläche so hart als möglich ist.

Man kann auch mehrere Gruppen „gegeneinander" arbeiten lassen.

Lustiges Spiel im Team!

Spinnennetz

KNOWHOW → Geschicklichkeit und Zusammenarbeit

MITSPIELER → ab 6

ALTER → ab 14 Jahre

ZEITBEDARF → ca. 15 bis 30 Minuten

ZUBEHÖR → Seile oder Bänder

ZIEL → Ziel ist es, das Spinnennetz zu durchqueren, ohne das Seil zu berühren!

→ Spinnennetz ist ein relativ neues Spiel, das oft in pädagogischen oder teambildenden Kontexten verwendet wird.

SPIELANLEITUNG

Spinnennetz ist ein Bewegungsspiel, bei dem ein Netz aus Seilen (entweder mit Spagat oder mit Wolle) zwischen zwei fixen Punkten gespannt wird. Die Spieler eines Teams müssen das Netz durchqueren, ohne das Seil zu berühren. Dieses Spiel fördert Teamarbeit, Geschicklichkeit und strategisches Denken, da oft mehrere Spieler zusammenarbeiten müssen, um die besten Wege durch das Netz zu finden.

Achtung! Dieses Spiel sollte von einem Spielleiter geleitet werden, damit im Team keine Unstimmigkeiten oder Unsicherheiten im Vordergrund stehen.

Werwolf

KNOWHOW → Strategisches Denken und Zusammenarbeit

MITSPIELER → 6 bis 20 Spieler

ALTER → ab 10 Jahre

ZEITBEDARF → ca. 20 bis 40 Minuten

ZUBEHÖR → Evtl. Rollenkarten

ZIEL → Je nachdem, welche Rolle einem zugeteilt wird, ist es entweder das Ziel zu überleben und die Werwölfe zu finden, oder alle Dorfbewohner zu töten.

→ Mittlerweile gibt es das Spiel auch mit Rollenkarten in jedem gut sortierten Spielwarenladen oder online – hier wird der Spielleiter digital durch das Spiel geführt.

SPIELANLEITUNG

Dorfbewohner oder Werwolf?
Jeder Teilnehmer bekommt eine der beiden Rollen zugeteilt (geheim), die Rolle kennt nur der Teilnehmer selbst. Es gibt mehr Dorfbewohner als Werwölfe. Jede Nacht, also immer, wenn alle ihre Augen schließen, „töten" die Werwölfe einen Dorfbewohner. Aufgabe der Dorfbewohner ist es, die Identität der Wölfe zu lüften, bevor alle tot sind. Die Wölfe auf der anderen Seite wollen natürlich nicht erkannt werden und versuchen, nacheinander alle Dorfbewohner zu töten.

Ballon in der Luft

KNOWHOW → Geschicklichkeit und Zusammenarbeit

MITSPIELER → 6 bis 12 Spieler

ALTER → ab 8 Jahre

ZEITBEDARF → ca. 20 bis 30 Minuten

ZUBEHÖR → Luftballons, ein Netz

ZIEL → Ziel ist es, den Luftballon so lange wie möglich in der Luft zu halten.

→ Ein kreatives Spiel, das die Zusammenarbeit und Problemlösungsfähigkeiten fördert.

SPIELANLEITUNG

Die Spieler stehen im Kreis und halten ein Netz, auf dem ein Luftballon liegt. Ziel ist es, den Ballon durch Heben und Senken des Netzes so lange wie möglich in der Luft zu halten, ohne dass er den Boden berührt.

Das Spiel fördert die Kommunikation und das Zusammenspiel im Team, da alle Spieler koordiniert handeln müssen, um den Ballon in der Luft zu halten.

Geländespiel

KNOWHOW → Zusammenarbeit und strategisches Denken

MITSPIELER → 10 bis 30 Spieler

ALTER → ab 8 Jahre

ZEITBEDARF → ca. 30 bis 60 Minuten

ZUBEHÖR → Definiertes Spielfeld, Nummernkarten, Nummernaufgaben

ZIEL → Das Team, das als erstes alle Aufgaben erfolgreich gelöst hat, gewinnt das Spiel!

SPIELANLEITUNG

Die Spieler werden in Teams aufgeteilt und erhalten Nummernkarten. Ziel eines jeden Teams ist es, die Nummern in aufsteigender Reihenfolge zu finden und ins Ziel zu bringen. Dabei müssen Aufgaben gelöst werden, die im Versteck der Nummer beschrieben sind.
Die Teams müssen strategisch vorgehen, um die Nummern effizient zu sammeln.
Jenes Team, das als erstes fertig ist, gewinnt das Spiel!

Aufgabenideen:

- Singt den Spielleitern ein Lied
- Bringt dem Spielleiter eine Tschurtsche (Tannenzapfen)!
- Wann hat der Spielleiter Geburtstag? usw.

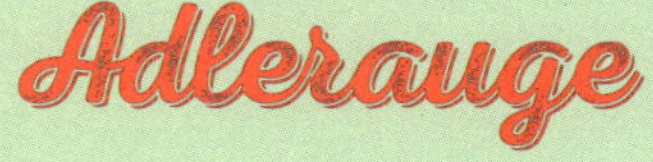

KNOWHOW → Aufmerksamkeit und Zusammenarbeit

MITSPIELER → 8 bis 20 Spieler

ALTER → ab 6 Jahre

ZEITBEDARF → ca. 15 bis 30 Minuten

ZUBEHÖR → Verschiedene Gegenstände

ZIEL → Ziel ist es, so viele Gegenstände wie möglich zu erraten und somit mehr Punkte als das gegnerische Team zu erzielen.

SPIELANLEITUNG

Die Spieler bilden Teams und müssen eine Reihe von Gegenständen (je nach Alter können es mehrere Gegenstände sein) eine festgelegte Zeit lang beobachten. Nach der abgelaufenen Zeit werden die Gegenstände abgedeckt und jedes Team muss die Gegenstände aufzählen.
Wer am meisten Gegenstände weiß, hat gewonnen!

SPIELVARIATION

Es werden zehn Gegenstände allen Teams gezeigt. Nach einer festgelegten Zeit wird „ungesehen" ein Gegenstand entfernt und die Teams müssen dann erkennen, welcher Gegenstand entfernt wurde.

Blindes Quadrat

KNOWHOW → Zusammenarbeit

MITSPIELER → ab 6 Spieler

ALTER → ab 10 Jahre

ZEITBEDARF → ca. 15 bis 30 Minuten

ZUBEHÖR → Seil, Augenbinden

ZIEL → Ziel ist es, mit seinem Team erfolgreich ein Quadrat aus einem Seil zu formen!

→ Ein modernes Teambuilding-Spiel, das häufig in Workshops verwendet wird.

SPIELANLEITUNG

Ein Spiel, bei dem eine Gruppe mit verbundenen Augen gemeinsam versuchen muss, aus einem Seil ein Quadrat zu formen. Jeder Spieler hat ca. ein Meter Seil und die Gruppe muss ohne Hinweise nur durch sprachliche Kommunikation ein Quadrat formen.

Teppich umdrehen

KNOWHOW → Geschicklichkeit und Zusammenarbeit

MITSPIELER → Alle Spieler, die auf dem Teppich Platz haben

ALTER → ab 6 Jahre

ZEITBEDARF → ca. 20 bis 30 Minuten

ZUBEHÖR → Teppich

ZIEL → Ziel ist es, den Teppich umzudrehen, ohne dabei den Boden zu berühren.

SPIELANLEITUNG

Alle Teilnehmer stehen auf einem Teppich. Dieser muss umgedreht werden, ohne dass jemand den Boden berührt. Hier kommt es besonders auf Zusammenarbeit und Kommunikation an.

Naturjenga

KNOWHOW → Geschicklichkeit

MITSPIELER → 3 bis 100 Spieler

ALTER → ab 6 Jahre

ZEITBEDARF → ca. 20 bis 30 Minuten

ZUBEHÖR → Wald, der nicht ganz aufgeräumt ist

ZIEL → Ziel ist es, einen höheren Turm als das gegnerische Team zu bauen.

SPIELANLEITUNG

Die Spieler stapeln große Holzklötze und kleine *Steckelen* (Stöcke) zu einem Turm. Je grösser der Turm, desto höher die Wertung.

SPIELVARIATION

Die Spieler bauen gemeinsam einen Turm aus Steinen, wobei jeder Spieler abwechselnd einen Stein hinzufügt, ohne dass der Turm einstürzt.

Escape Room

KNOWHOW → Geschicklichkeit und Zusammenarbeit

MITSPIELER → ab 2 Spieler

ALTER → ab 8 Jahre

ZEITBEDARF → ca. 1 Stunde

ZUBEHÖR → Escape Room oder ein „Escape Room Gesellschaftsspiel"

ZIEL → Ziel ist es, die Rätsel zu lösen und so schnell als möglich den Raum zu verlassen.

→ In Südtirol gibt es mittlerweile zahlreiche Escape Rooms, die privat geführt werden.

SPIELANLEITUNG

Escape Rooms sind Rätselräume (es gibt auch Escape-Rooms im Freien), wo ein Team von Spielern Hinweise findet, Rätsel lösen muss und Aufgaben in einem oder mehreren Räumen erfüllt, um ein bestimmtes Ziel zu erreichen – in begrenzter Zeit.
Es gibt Räume mit verschiedenen Schwierigkeitsstufen, die ausgewählt werden können.

Nix für schwache Nerven!

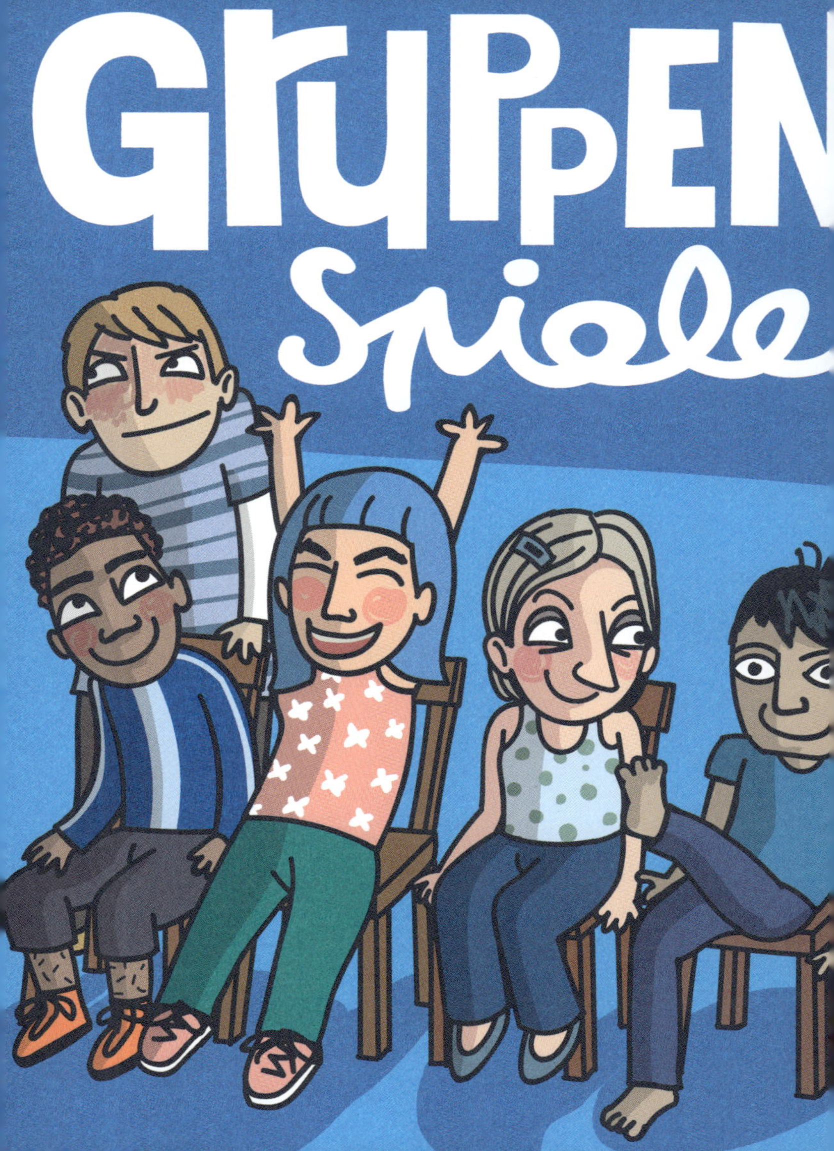
GRUPPEN
Spiele

Gruppenspiele sind Aktivitäten oder Spiele, die von mehreren gemeinsam gespielt werden und darauf abzielen, Interaktion, Kooperation und Kommunikation zu fördern. Die meisten Spiele können sowohl drinnen als auch draußen stattfinden und variieren in ihrer Art und Komplexität.

Olympiade

KNOWHOW → Sportlichkeit und Geschicklichkeit

MITSPIELER → ab 10 Spieler

ALTER → ab 4 Jahre

ZEITBEDARF → variabel

ZUBEHÖR → Verschiedene Sportgeräte oder je nach Disziplin anderes Zubehör

ZIEL → Ziel ist es, so viele Punkte wie möglich pro Disziplin zu erspielen!

→ Olympiade ist ein Spiel – inspiriert von den antiken und modernen Olympischen Spielen –, um den sportlichen Wettkampf und Teamgeist zu fördern.

SPIELANLEITUNG

Olympiade besteht aus einer Reihe von sportlichen und spielerischen Aktivitäten, bei denen die Teilnehmer in verschiedenen Disziplinen gegeneinander antreten. Diese Aktivitäten können von traditionellen Sportarten bis hin zu kreativen Wettkämpfen reichen. Ziel ist es, durch verschiedene Herausforderungen Punkte zu sammeln und am Ende den Gesamtsieger zu ermitteln.

Ideen für Olympiade-Stationen:

- **Wassertragen:** Die Spieler bilden zwei Mannschaften. Jede Mannschaft erhält ein Tablett mit zwei randvoll mit Wasser gefüllten Plastikbechern. Auf ein Kommando beginnt das Rennen. Die Spieler müssen – möglichst ohne viel Wasser zu verschütten – zum Ziel und wieder zurück laufen, wo sie das Tablett an den nächsten Spieler weitergeben. Die Mannschaft, die zum Schluss noch am meisten Wasser in den Bechern hat, hat diese Station gewonnen.
- **Dosenlauf:** Jeder Spieler bekommt drei Konservendosen und muss versuchen, so schnell wie möglich vorwärtszukommen, ohne den Boden zu berühren. Es darf dabei auf den Dosen stehen, die dritte Dose wird vom Spieler vorsichtig weitergerückt, damit der Spieler wieder einen Schritt vorwärtskommt. Die schnellere Mannschaft gewinnt!

- **Schirmball:** Ein aufgespannter Regenschirm wird mit dem Griff nach oben an einem Ast befestigt. Ein leichter Ball muss in den Schirm geworfen werden. Jeder Spieler hat drei Versuche. Wer kriegt mehr Bälle in den Schirm?
- **Dreibein-Rennen:** Je zwei Spieler stellen sich nebeneinander auf. Mit einer Schnur werden ihre Beine (links vom einen und rechts vom anderen) aneinander festgebunden. Auf ein Kommando beginnt das Rennen. Welches Paar mit drei Beinen ist zuerst am Ziel?
- **Dosenwerfen:** Dosen werden zu einer Pyramide aufgestellt und jeder Spieler hat drei Würfe frei. Wer alle Dosen abräumt, bekommt die doppelte Punktzahl!
- **Äpfel-Klau:** Ein Apfel wird in einen Eimer (oder in eine Schüssel) voll Wasser gegeben und man muss diesen ohne Hände (am besten Hände auf dem Rücken), nur mit dem Mund, herausholen. Wer es schafft, bekommt einen Punkt und darf den Apfel als Stärkung essen.
- **Tischpust-Fußball:** Zwei Mannschaften stehen sich an einem Tisch gegenüber. In der Mitte des Tisches liegt ein Wattebausch oder ein Pingpongball, der allein durch Pusten (Hände auf dem Rücken) ins gegnerische Tor gepustet werden muss. Ein Tor gibt es, wenn der Ball auf der Seite des Gegners über die Tischkante rollt.

Reise nach Jerusalem

KNOWHOW → Reaktionsfähigkeit und Glück

MITSPIELER → ab 5 Spieler

ALTER → ab 4 Jahre

ZEITBEDARF → ca. 10 bis 20 Minuten

ZUBEHÖR → Stühle und Musik

ZIEL → Wer als letzter Teilnehmer im Spiel ist, hat gewonnen!

SPIELANLEITUNG

Es werden Stühle in zwei Reihen mit den Lehnen aneinander in einem Raum aufgestellt (es sollte ein wenig Platz rund um die Stühle sein). Es gibt immer einen Stuhl weniger als Mitspieler. Auf ein Signal hin (Start Musik) tanzen alle zu einer flotten Musik im Uhrzeigersinn um die Stühle herum. Es gibt einen Spielleiter, der von Zeit zu Zeit die Musik stoppt. Dies ist das Signal, dass sich alle so schnell wie möglich auf einen Stuhl setzen. Derjenige Spieler, der

keinen Stuhl ergattert, scheidet aus! Ziel ist es, so lange als möglich im Spiel zu bleiben.

SPIELVARIATION

Hochzeits- oder Geburtstagsversion: Anstelle des Musikstopps gibt es vom Spielleiter einen anderen Impuls: Jeder bringt einen Stein oder Lippenstift oder Strümpfe oder eine Gabel usw. Derjenige, der als Letzter das gewünschte Objekt bringt oder keines ergattert, muss für das Brautpaar oder für den Feiernden eine Aufgabe erfüllen, zum Beispiel im Oktober einen Obstkorb oder im Dezember einen Nikolaussack vorbeibringen usw.
Diese Variation ist eine kreative Erweiterung dieses traditionellen Spiels, um es noch interessanter zu gestalten und Außenstehende miteinzubeziehen.

Immer wieder ein Spaß!

Gemeinsamkeiten

KNOWHOW → Kombinationsvermögen

MITSPIELER → ab 10 Spieler

ALTER → ab 18 Jahre

ZEITBEDARF → ca. 30 Minuten

ZUBEHÖR → Karten mit Themen / Gemeinsamkeiten

ZIEL → Wer am meisten Gemeinsamkeiten der Zuschauer erkennt, gewinnt das Spiel!

→ Dieses Spiel hat keine spezifische historische Herkunft. Es ist ein modernes Kennenlernspiel, das häufig bei Hochzeiten oder Seminaren verwendet wird, um das Eis zu brechen und die Interaktion zwischen den Teilnehmern zu fördern. Es basiert auf der Idee, Gemeinsamkeiten unter den Teilnehmern zu finden, um soziale Bindungen zu stärken.

SPIELANLEITUNG

Der Spielleiter stellt sich mit einem großen Plakat hinter den oder die Spieler, auf dem Fragen oder andere Gemeinsamkeiten stehen. Zum Beispiel: Wer ist mit dem Spieler (Brautpaar) in die Schule gegangen? Wer hat blaue Augen? Wer ist mit dem Spieler (Brautpaar) verwandt?
Die Gäste (Zuschauer), auf die das Thema zutrifft, stehen auf und der Spieler (das Brautpaar) muss raten, was die aufgestandenen Personen gemeinsam haben.

Frage-Antwort-Spiel mit Schuhen

KNOWHOW → Einschätzungsvermögen

MITSPIELER → ab 10 Spieler

ALTER → ab 18 Jahre

ZEITBEDARF → ca. 10 bis 20 Minuten

ZUBEHÖR → Schuhe und Fragen

ZIEL → Wer die meisten Fragen beantwortet, gewinnt das Spiel!

GESCHICHTE → Dies ist ein modernes Partyspiel für Paare, das für Unterhaltung und Interaktion sorgt.

→ Das Frage-Antwort-Spiel mit Schuhen ist vor allem ein beliebtes Spiel bei Hochzeiten!

SPIELANLEITUNG

Zwei Spieler, die sich gut kennen (Paar, Hochzeitspaar, Freunde, Geschwister ...) sitzen Rücken an Rücken auf zwei Stühlen und halten jeweils einen eigenen Schuh und einen Schuh des anderen. Das Schuhe-heben-Spiel besteht darin, eine Reihe von Fragen über die Vorlieben, Erfahrungen und Persönlichkeiten des Spieler-Paares zu stellen. Das Paar antwortet, indem es den Schuh hebt, von dem es glaubt, dass er die beste Antwort repräsentiert, entweder den eigenen Schuh oder den Schuh des Partners.

Mögliche Fragen:

- Wer ist lauter?
- Wer kocht besser?
- Wer spült öfter ab?
- Wer hat mehr Geld?
- Wer fährt besser Auto?
- Wer ist großzügiger? usw.

Alle in einer Reihe

KNOWHOW → Geschwindigkeit

MITSPIELER → ab 10 Spieler

ALTER → ab 8 Jahre

ZEITBEDARF → ca. 10 bis 20 Minuten

ZUBEHÖR → keines notwendig

ZIEL → Ziel ist es, dass sich eine Gruppe zusammenfindet und kennenlernt!

→ Dieses Spiel eignet sich gut zur Auflockerung oder zum Kennenlernen.

SPIELANLEITUNG

Der Spielleiter gibt eine „Gemeinsamkeit" vor und die ganze Gruppe sortiert sich entsprechend in einer Reihe:

- Beispiel: Stellt euch alle aufsteigend von A-Z in die Reihe, entsprechend des Anfangsbuchstabens eurer Vornamen! Demzufolge beginnt die Reihe mit **A**nna und endet z. B. mit **W**olfgang.

Danach sortiert sich die Gruppe entsprechend einer neuen Anweisung um:

- Beispiel: Geburtstage von Januar bis Dezember.

Weitere Zuordnungsmerkmale können sein: Schuhgröße, Alter, Gewicht, Anzahl Kinder, Urlaubszielentfernung, Beziehung zum Geburtstagskind ...

Welches Bein?

KNOWHOW → Beobachtungsgabe und Geschwindigkeit

MITSPIELER → ab 6 Spieler

ALTER → ab 18 Jahre

ZEITBEDARF → ca. 10 bis 20 Minuten

ZUBEHÖR → keines notwendig

ZIEL → Ziel ist es, so viele Beine wie möglich den richtigen Menschen zuzuordnen!

GESCHICHTE → Ein unterhaltsames Gesellschaftsspiel, das oft auf Partys gespielt wird.

→ Das Spiel wird oft bei Hochzeiten gespielt.

SPIELANLEITUNG

Welches Bein zu welchem Menschen ist ein Ratespiel, bei dem die Spieler versuchen müssen, anhand von Beinen zu erraten, zu wem sie gehören. Die Beine können entweder verdeckt oder hinter einer Trennwand gezeigt werden, sodass eben nur die Beine sichtbar sind.

Bildhauer

KNOWHOW → Kreativität und Geschicklichkeit

MITSPIELER → ab 6 Spieler

ALTER → ab 4 Jahre

ZEITBEDARF → ca. 30 bis 60 Minuten

ZUBEHÖR → Menschen, die sich formen lassen

ZIEL → Ziel ist es, Figuren oder Szenen richtig zu erraten.

GESCHICHTE → Das Spielkonzept hat historische Wurzeln in der Kunst- und Handwerksausbildung.

SPIELANLEITUNG

Bildhauer ist ein kreatives Spiel, bei dem ein Spieler die Rolle des Bildhauers übernimmt und einen oder mehrere andere Spieler, die als Tonmasse fungieren, in verschiedene Positionen bringt. Der Bildhauer formt den „Ton" zu einer bestimmten Figur oder Szene, die dann von anderen Spielern erraten werden muss.
Das Spiel fördert Kreativität und Vorstellungskraft.

Tabu

KNOWHOW → Kreativität und Sprachfertigkeit

MITSPIELER → 4 bis 10 Spieler

ALTER → ab 8 Jahre

ZEITBEDARF → ca. 30 bis 60 Minuten

ZUBEHÖR → Karten, Sanduhr, Hupe

ZIEL → Wer die meisten Begriffe errät, gewinnt das Spiel!

GESCHICHTE → Tabu wurde 1989 von Hasbro veröffentlicht und ist seitdem ein beliebtes Partyspiel.

SPIELANLEITUNG

Tabu ist ein Kommunikationsspiel, bei dem ein Spieler seinen Mitspielern Begriffe erklären muss, ohne bestimmte Wörter (sogenannte Tabu-Wörter) zu verwenden, die auf einer Karte aufgeführt sind. Die Mitspieler müssen den gesuchten Begriff erraten. Das Spiel erfordert Kreativität und Sprachgewandtheit, da die verbotenen Wörter oft eng mit dem zu erratenden Begriff verbunden sind. Die Begriffe kann man sich auch selbst ausdenken!

Mega cool!

Stille Post extrem

KNOWHOW → Kreativität und Sprachfertigkeit

MITSPIELER → 4 bis 8 Spieler

ALTER → ab 7 Jahre

ZEITBEDARF → ca. 20 bis 30 Minuten

ZUBEHÖR → Zeichenblock, Stifte, Begriffslisten

ZIEL → Wer die meisten Zeichnungen richtig erkennt, gewinnt das Spiel!

→ Das Spiel ist eine kreative Erweiterung des klassischen Stille-Post-Spiels.

SPIELANLEITUNG

Stille Post extrem ist eine erweiterte Version des klassischen Spiels Stille Post. Anstatt nur Wörter zu flüstern, müssen die Spieler auch Zeichnungen anfertigen und interpretieren. Der erste Spielende zeichnet einen Begriff, der nächste interpretiert die Zeichnung und beschreibt sie, und so weiter. Das Spiel fördert Kreativität und Kommunikationsfähigkeiten, da die ursprüngliche Botschaft oftmals stark verändert wird.

Verkettung

KNOWHOW → Sprachgewandtheit und Wortschatz

MITSPIELER → 2 bis 10 Spieler

ALTER → ab 6 Jahre

ZEITBEDARF → ca. 15 bis 30 Minuten

ZUBEHÖR → keines notwendig

ZIEL → Wer als Letzter noch in der Runde ist, gewinnt das Spiel!

→ Das Verkettungsspiel, auch bekannt als Wortketten-Spiel, ist ein traditionelles Sprachspiel, das in vielen Kulturen gespielt wird. Es wird oft genutzt, um Sprachfertigkeiten zu trainieren und die Kreativität zu fördern.

SPIELANLEITUNG

Ein Spieler beginnt mit einem Wort und der nächste Spielende muss ein neues Wort finden, das mit dem letzten Buchstaben des vorherigen Wortes beginnt. Das Spiel geht reihum weiter, bis ein Spielender kein Wort mehr finden kann.

Was bin ich?

KNOWHOW → Analytisches Denken und Kommunikationsfähigkeit

MITSPIELER → 3 bis 10 Spieler

ALTER → ab 8 Jahre

ZEITBEDARF → ca. 30 Minuten

ZUBEHÖR → Karten mit Begriffen

ZIEL → Wer die meisten Begriffe errät, gewinnt das Spiel!

SPIELANLEITUNG

Was bin ich? ist ein Ratespiel, bei dem die Spieler eine Karte mit einem Begriff auf ihrer Stirn tragen, den sie nicht sehen können. Sie müssen durch Ja-Nein-Fragen herausfinden, welcher Begriff auf ihrer Karte steht. Das Spiel fördert logisches Denken und Kommunikationsfähigkeiten, da die Spieler strategisch vorgehen müssen, um den Begriff zu erraten.

Stopsel im Mund

KNOWHOW → Geschicklichkeit

MITSPIELER → 2 bis 10 Spieler

ALTER → ab 14 Jahre

ZEITBEDARF → variabel

ZUBEHÖR → Stopsel (Korken)

ZIEL → Wer die meisten Begriffe errät, gewinnt das Spiel!

→ Das Spiel ist ein modernes Partyspiel ohne spezifische historische Wurzeln. Es wird häufig auf Partys gespielt, um für Unterhaltung und Lacher zu sorgen.

SPIELANLEITUNG

Jeder Spieler muss mit einem Korken im Mund Wörter oder Sätze sagen, die die anderen erraten müssen.

Tick-Tack-Bumm

KNOWHOW → Sprachfertigkeit und Geschwindigkeit

MITSPIELER → ab 2 bis 12 Spieler

ALTER → ab 8 Jahre

ZEITBEDARF → ca. 20 bis 30 Minuten

ZUBEHÖR → Karten mit Verben oder Silben, „Bombe" mit Timer

ZIEL → Wer die wenigsten Strafpunkte hat, gewinnt!

SPIELANLEITUNG

Tick-Tack-Bumm ist ein temporeiches Wortspiel, bei dem die Spieler reihum eine Bombe weitergeben, während sie Wörter zu einem bestimmten Thema nennen müssen. Die Bombe tickt und explodiert zufällig; der Spieler, der sie in der Hand hält, wenn sie explodiert, erhält einen Strafpunkt.

Bierdeckelspiel

KNOWHOW → Geschicklichkeit

MITSPIELER → 2 bis 10 Spieler

ALTER → ab 14 Jahre

ZEITBEDARF → variabel

ZUBEHÖR → Bierdeckel

ZIEL → Wer den Bierdeckel so weit wie möglich schnippt, gewinnt das Spiel!

GESCHICHTE → Das Bierdeckelspiel hat seine Wurzeln in deutschen Kneipen und Volksfesten. Es ist ein einfaches Geschicklichkeitsspiel, das in geselliger Runde gespielt wird. Die genaue Herkunft ist nicht dokumentiert, aber es ist seit vielen Jahren Teil der deutschen Trinkkultur.

SPIELANLEITUNG

Bierdeckel werden auf den Tisch gelegt und die Spieler müssen versuchen, sie mit einem Finger schnippend springen zu lassen. Ziel ist es, den Bierdeckel so weit wie möglich zu schnippen.

Pantomimespiel

KNOWHOW → Fantasie

MITSPIELER → ab 6 Spieler

ALTER → ab 6 Jahre

ZEITBEDARF → ca. 30 bis 60 Minuten

ZUBEHÖR → Zettel mit Begriffen

ZIEL → Wer die meisten Begriffe errät, gewinnt das Spiel!

GESCHICHTE → Pantomime als Form der Unterhaltung hat eine lange Geschichte, die bis ins antike Griechenland und Rom zurückreicht. Pantomimespiele sind eine moderne Adaption dieser alten Kunstform und werden häufig auf Partys und bei gesellschaftlichen Zusammenkünften gespielt, um nonverbale Kommunikationsfähigkeiten und Kreativität zu fördern.

SPIELANLEITUNG

Die Spieler ziehen abwechselnd einen Zettel mit einem Begriff und müssen diesen pantomimisch darstellen, während die anderen Spieler raten. Errät jemand den gesuchten Begriff, so bekommt dieser einen Punkt und darf als nächste einen Begriff pantomimisch darstellen.

Seilspringen

KNOWHOW → Kondition und Koordination

MITSPIELER → ab 3 Spieler

ALTER → ab 4 Jahre

ZEITBEDARF → ca. 10 Minuten

ZUBEHÖR → Seil

ZIEL → Ziel ist es, die geforderten Sprungtechniken so oft und so schnell als möglich ohne Fehler zu absolvieren.

GESCHICHTE → Seilspringen taucht bereits im 17. Jahrhundert auf Kupferstichen auf.

SPIELANLEITUNG

Verwendet man ein langes Seil, können mehrere Spieler mitspringen. Zwei Spieler schwingen das Seil, alle anderen müssen mit bestimmten Sprungtechniken gemeinsam

über das Seil springen. Wer einen Fehler macht, muss einen Seilschwinger ablösen.

SPIELVARIATION

Man kann auch allein mit einem Sprungseil springen. Dabei gilt es, verschiedene Sprungtechniken möglichst oft hintereinander zu schaffen: im Laufschritt, mit geschlossenen Beinen, auf einem Bein, das Ganze bei rückwärts schwingendem Seil und so weiter.

Wachs gießen

KNOWHOW → Geschicklichkeit und Fantasie

MITSPIELER → ab 2 Spieler

ALTER → ab 8 Jahre

ZEITBEDARF → variabel

ZUBEHÖR → Wachs, Löffel, Wasserbehälter

ZIEL → Kreative und fantasievolle Figuren zu gießen

GESCHICHTE → Das Wachsgießen (früher Bleigießen) hat seinen Ursprung in der antiken Praxis der Wahrsagung. Es wurde von den Kelten und Römern praktiziert und später in verschiedenen Formen in Europa übernommen. In Deutschland ist es besonders als Silvestertradition bekannt, bei der aus den Formen der geschmolzenen und wieder erstarrten Wachsstücke Vorhersagen für das kommende Jahr gemacht werden.

→ Wachsgießen ist ein besonders beliebtes Spiel an Silvesterabenden.

SPIELANLEITUNG

Ein Stück Wachs wird in einem Löffel über einer Kerze geschmolzen und dann in kaltes Wasser gegossen. Die entstandenen Formen werden interpretiert, um Vorhersagen für das kommende Jahr zu machen.

Krimidinner

KNOWHOW → Kommunikationsfähigkeit, strategisches Denken

MITSPIELER → 6 bis 20 Spieler

ALTER → ab 14 Jahre

ZEITBEDARF → ca. 2 ½ bis 4 Stunden

ZUBEHÖR → Rollenbeschreibungen

HINWEISE → Audio- und PDF-Dateien (je nach Spiel)

ZIEL → Ziel ist, je nach zugeteilter Rolle entweder mit dem Mord davonzukommen oder den Täter zu entlarven.

GESCHICHTE → Krimidinner sind seit den 1980er-Jahren populär und kombinieren Theater mit Spiel.

→ Krimidinner ist ein interaktives Rollenspiel, bei dem die Teilnehmer in die Rollen von Verdächtigen und Ermittlern schlüpfen, um einen fiktiven Mordfall aufzuklären.

SPIELANLEITUNG

Während eines gemeinsamen Essens werden Hinweise gesammelt und Theorien diskutiert, um den Täter zu entlarven. Das Spiel fördert Rollenspiel, logisches Denken und soziale Interaktion. Der Spielleiter hat die Aufgabe, die Geschichte zu erklären, Fragen zu stellen und die Auflösungen einzuleiten.

Exit-Spiele

KNOWHOW → Zusammenarbeit, Kreativität

MITSPIELER → 1 bis 6 Spieler

ALTER → ab 12 Jahre

ZEITBEDARF → ca. 45 bis 90 Minuten

ZUBEHÖR → Spielmaterialien, Rätselkarten, Decoder

ZIEL → Ziel ist es, aus einem fiktiven Raum zu entkommen oder ein anderes festgelegtes Ziel zu erreichen.

→ Exit-Spiele wurden inspiriert von den realen Escape Rooms, die seit den 2000er-Jahren populär sind.

SPIELANLEITUNG

Exit-Spiele (auch bekannt als Escape Room-Spiele) sind kooperative Rätselspiele, bei denen die Spieler gemeinsam versuchen, aus einem Raum zu entkommen oder ein bestimmtes Ziel zu erreichen, indem sie Rätsel lösen und Hinweise finden. Diese Spiele erfordern Teamarbeit, Kreativität und logisches Denken.

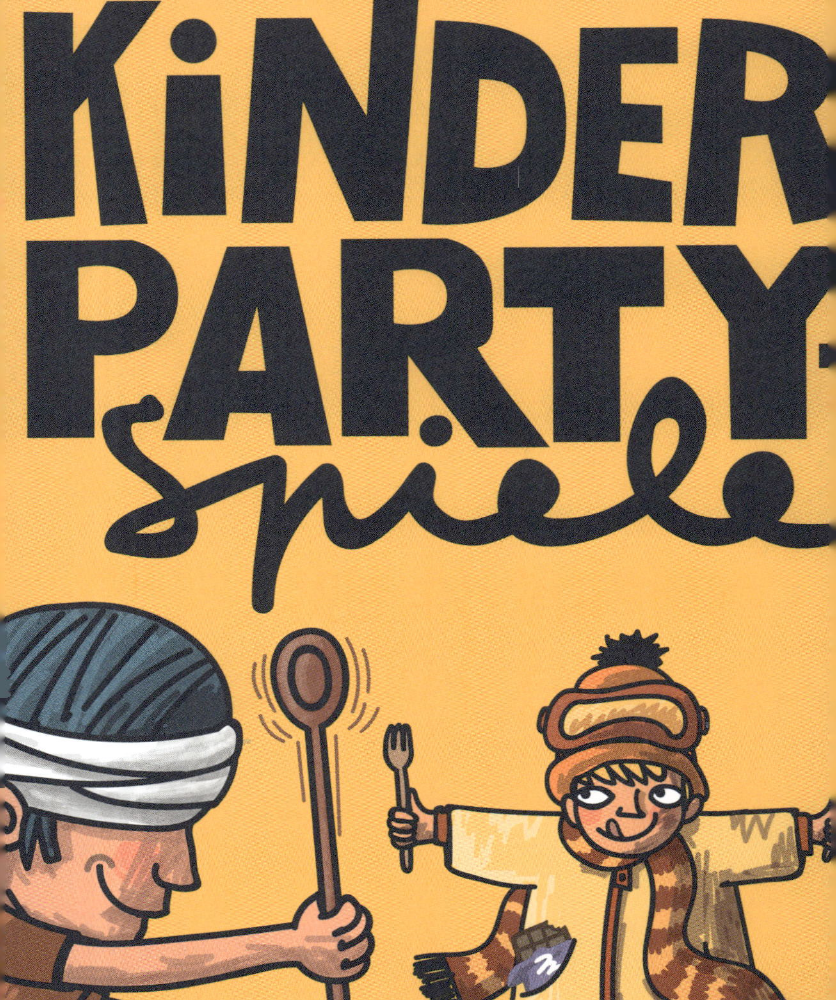
KiNDER
PARTY-
spiele

Kinder-Party-Spiele sind ein wesentlicher Bestandteil jeder gelungenen Feier und tragen dazu bei, die Stimmung zu heben und die Kinder näher zusammenzubringen. Zudem sind Kinder-Party-Spiele ein wesentlicher Bestandteil der kindlichen Entwicklung und bieten eine unterhaltsame Möglichkeit, wichtige Fähigkeiten zu erlernen und zu üben.

Schatzsuche

KNOWHOW → Zusammenarbeit

MITSPIELER → 2 bis 10 Spieler

ALTER → ab 3 Jahre

ZEITBEDARF → ca. 30 bis 60 Minuten

ZUBEHÖR → Hinweise, Karten, Rätsel

ZIEL → Wer als Erster den Schatz findet, gewinnt!

→ Die Schatzsuche basiert auf der Faszination und den Geschichten über verborgene Schätze und Entdecker wie Piraten oder Archäologen.

SPIELANLEITUNG

Schatzsuche ist ein Abenteuerspiel, bei dem die Teilnehmer Hinweise und Rätsel lösen müssen, um einen versteckten Schatz zu finden. Die Hinweise können als Karten, Rätsel oder Aufgaben gestaltet sein, die die Spieler von einem Ort zum nächsten führen. Am Ende des Spiels ist ein Schatz versteckt.

Schokoladeschlacht

KNOWHOW → Geschicklichkeit

MITSPIELER → 3 bis 8 Spieler

ALTER → ab 4 Jahre

ZEITBEDARF → ca. 15 bis 30 Minuten

ZUBEHÖR → Schokolade, Zeitungspapier, Schnur, Messer, Gabel, Mütze, Schal, Handschuhe

ZIEL → Ziel ist es, so viel Schokolade wie möglich essen zu können.

→ Schokoladeschlacht ist ein traditionelles Partyspiel, das Spaß und Geschicklichkeit kombiniert.

SPIELANLEITUNG

Ein lustiges Partyspiel, bei dem eine Tafel Schokolade in mehrere Schichten Zeitungspapier gewickelt und mit einer Schnur verschnürt wird. Die Spieler würfeln reihum und wer eine Sechs würfelt, muss Mütze, Schal und Handschuhe anziehen und mit Messer und Gabel (ohne Hilfe der Hände!) versuchen, die Schokolade zunächst auszupacken, um diese dann – immer mit Messer und Gabel – zu essen! Der Spieler darf so lange auspacken und essen, bis ein nächster Spieler eine Sechs würfelt!

Super lustig!

Topfklopfen

KNOWHOW → Orientierungssinn und Reaktionsfähigkeit

MITSPIELER → 3 bis 10 Spieler

ALTER → ab 4 Jahre

ZEITBEDARF → ca. 10 bis 20 Minuten

ZUBEHÖR → Topf, Löffel, Augenbinde

ZIEL → Ziel ist es, den Topf so schnell wie möglich zu finden.

→ Topfklopfen ist ein traditionelles Kinderspiel, das auf Geburtstagsfeiern mit Kleinkindern oftmals gespielt wird.

SPIELANLEITUNG

Ein Spieler hat die Augen verbunden und muss auf allen Vieren krabbelnd einen versteckten Topf mit einem Löffel finden, während die anderen Spieler ihn mit Rufen wie

heiß (= der Topf befindet sich in der Nähe) und kalt (= der Topf liegt in weiter Ferne) anleiten. Wenn der Spieler den Topf gefunden hat, erhält er eine kleine Belohnung, die sich unter dem Topf befindet.

Blinde Kuh

KNOWHOW → Orientierungssinn und Reaktionsfähigkeit

MITSPIELER → 3 bis 10 Spieler

ALTER → ab 4 Jahre

ZEITBEDARF → ca. 10 bis 20 Minuten

ZUBEHÖR → Augenbinde

ZIEL → Je nach Rolle ist es entweder das Ziel, nicht gefangen zu werden, oder alle Mitspieler zu fangen.

GESCHICHTE → Das Spiel hat antike Wurzeln und wurde in verschiedenen Formen weltweit gespielt.

SPIELANLEITUNG

Blinde Kuh ist ein Fangspiel, bei dem einem Spielenden die Augen verbunden werden und dieser die anderen Spielenden fangen muss. Die anderen Spielenden versuchen, ganz leise zu sein, um nicht gefangen zu werden. Das Spiel fördert Orientierungssinn und Aufmerksamkeit.

Eierlauf

KNOWHOW → Geschicklichkeit und Reaktionsfähigkeit

MITSPIELER → ab 6 Spieler

ALTER → ab 4 Jahre

ZEITBEDARF → ca. 10 bis 20 Minuten

ZUBEHÖR → Löffel, Ball oder Ei

ZIEL → Ziel ist es, als Erster das Ei heil ins Ziel zu bringen.

GESCHICHTE → Ein einfaches Geschicklichkeitsspiel, das weltweit beliebt ist.

→ Der Eierlauf (Löffelspiel) kann auch Teil des Olympiade-Spiels (Seite 174) sein und ist ein beliebtes Geschicklichkeitsspiel auf Festen und Feiern.

SPIELANLEITUNG

Zwei Gruppen treten gegeneinander an und bilden jeweils eine Reihe. Der Erste jeder Reihe bekommt ein Ei (Wattebausch, Kunststoff-Ei oder eine Kartoffel) und einen Löffel, der von größeren Kindern in den Mund geklemmt und das Ei darauf platziert wird (kleinere Kinder nehmen den Löffel in die Hand). Auf ein Startzeichen müssen die ersten beiden Spielenden mit Löffel und Ei einen bestimmten Parcours zurücklegen. Der Parcours kann einfach eine reine Laufstrecke sein, kann aber auch mit Hindernissen bestückt werden wie z. B. Bänke und / oder Stühle, auf oder um die man herumlaufen, krabbeln, Slalom laufen u. a. muss. Wer als Erster mit seinem Ei am Ziel ist, hat

gewonnen, bzw. der erste Spieler übergibt seinen Löffel dem zweiten seiner Gruppe usw. Fällt das Ei herunter, muss wieder neu gestartet werden.
Die Gruppe, deren Mitglieder zuerst alle das Ziel erreichen, ohne das Ei zu verlieren, gewinnt!

Ballontanz

KNOWHOW → Geschicklichkeit und Koordination

MITSPIELER → ab 6 Spieler

ALTER → ab 4 Jahre

ZEITBEDARF → ca. 10 bis 20 Minuten

ZUBEHÖR → Luftballons und Schnüre

ZIEL → Ziel ist es, seinen eigenen Ballon zu schützen und als letzter Spieler noch im Spiel zu sein!

→ Ein lustiges Partyspiel, das Geschicklichkeit und Koordination erfordert.

SPIELANLEITUNG

Ballontanz ist ein Bewegungsspiel, bei dem jeder Spieler einen aufgeblasenen Luftballon mithilfe einer Schnur an seinem Knöchel befestigt. Ziel ist es, die Luftballons der anderen Spieler zum Platzen zu bringen, während man seinen eigenen Ballon schützt.
Der letzte Spieler mit einem intakten Ballon gewinnt.

Wäscheklammern-Spiel

KNOWHOW → Schnelligkeit und Geschicklichkeit

MITSPIELER → 2 bis 10 Spieler

ALTER → ab 4 Jahre

ZEITBEDARF → variabel

ZUBEHÖR → Wäscheklammern

ZIEL → Ziel ist es, in einer gewissen Zeitspanne so viele Wäscheklammern wie möglich zu sammeln.

→ Das Wäscheklammern-Spiel ist ein beliebtes Kinderspiel, das sich gut für Geburtstage und andere Feiern eignet.

SPIELANLEITUNG

Eine der beliebtesten Varianten des Spiels ist das *Wäscheklammern klauen*, bei dem jeder Spieler drei Wäscheklammern an seiner Kleidung befestigt. Nach einem Startsignal versuchen die Spieler, sich gegenseitig die Wäscheklammern zu stehlen und an den eigenen Kleidern zu befestigen. Wer keine Wäscheklammern mehr hat, scheidet aus. Gewonnen hat der Spieler, der nach einer bestimmten Zeit die meisten Wäscheklammern gesammelt hat.

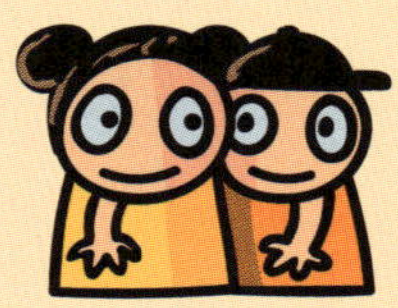

Katz und Maus

KNOWHOW → Schnelligkeit und Geschicklichkeit

MITSPIELER → 6 bis 12 Spieler

ALTER → ab 3 Jahre

ZEITBEDARF → ca. 10 bis 20 Minuten

ZUBEHÖR → keines notwendig

ZIEL → Ziel ist es, die Maus zu fangen!

→ Dieses Spiel kann im Raum, aber auch wunderbar im Freien gespielt werden!

SPIELANLEITUNG

Alle bilden einen Kreis, in dessen Mitte die „Maus" steht. Die „Katze" steht außerhalb und muss versuchen, die Maus zu fangen, wenn diese versucht, nach außen zu huschen.

Armer schwarzer Kater

KNOWHOW → Orientierungssinn und Reaktionsfähigkeit

MITSPIELER → 3 bis 10 Spieler

ALTER → ab 2 Jahre

ZEITBEDARF → ca. 10 bis 20 Minuten

ZUBEHÖR → keines notwendig

ZIEL → Ziel ist es, nie der arme schwarze Kater zu sein.

GESCHICHTE → Das Spiel hat antike Wurzeln und wird in verschiedenen Formen weltweit gespielt.

→ Armer schwarzer Kater gehört zu den beliebtesten Kinder-Party-Spielen.

SPIELANLEITUNG

Alle Spieler sitzen im Kreis auf Stühlen. Einer verlässt seinen Stuhl und krabbelt als der arme schwarze Kater auf allen vieren im Kreis umher. Dort sucht er sich einen anderen Spieler aus und setzt sich zu dessen Füßen. Nun ruft der Kater so jämmerlich wie möglich Miau! Der andere muss nun antworten: „Du armer schwarzer Kater …", dabei streicht er ihm sanft durchs Haar. Dreimal darf der Kater sein Miau rufen, und dreimal muss der andere antworten. Muss er dabei lachen, ist er ab jetzt der arme Kater. Konnte er ernst bleiben, versucht der arme Kater sein Glück beim nächsten Spieler.

Die Post ist da!

KNOWHOW → Reaktionsfähigkeit

MITSPIELER → ab 6 Spieler

ALTER → ab 6 Jahre

ZEITBEDARF → ca. 20 bis 30 Minuten

ZUBEHÖR → Stühle

ZIEL → Ziel ist es, immer einen Sitzplatz zu haben.

SPIELANLEITUNG

Die Spielenden sitzen im Kreis auf Stühlen. Ein Spieler steht in der Mitte und ruft Die Post ist da! und nennt eine Kategorie (z. B. Alle, die blaue Schuhe tragen). Die Spielenden, die in diese Kategorie fallen, müssen ihre Plätze tauschen, während der Spieler in der Mitte versucht, einen kurz frei werdenden Platz zu ergattern.

Mäuschen, pieps amol!

KNOWHOW → Sinnesbewusstsein

MITSPIELER → ab 4 Spieler

ALTER → ab 4 Jahre

ZEITBEDARF → variabel

ZUBEHÖR → Augenbinde

ZIEL → Ziel ist es, herauszufinden, wer das Mäuschen ist.

SPIELANLEITUNG

Die Spieler sitzen im Kreis oder Stuhlkreis. Ein Spieler steht oder sitzt in der Mitte und bekommt die Augen verbunden. Nun tauschen die anderen ihre Plätze. Der Spieler in der

Mitte wendet sich nun in eine Richtung und fragt: Mäuschen, wie piepst du? Wer in dieser Richtung sitzt, piepst und der Spieler in der Mitte muss erraten, wer es ist. Wird der richtige Name erraten, wechselt „die Maus“ in die Mitte, ansonsten fragt der Spieler weiter.

Gespensterjagd

KNOWHOW → Geschicklichkeit

MITSPIELER → ab 5 Spieler

ALTER → ab 3 Jahre

ZEITBEDARF → ca. 10 bis 20 Minuten

ZUBEHÖR → Taschenlampen und altes Leintuch

ZIEL → Wer das versteckte Gespenst findet, gewinnt!

→ Eine coole und lustige Variante des Versteckspiels im Dunkeln.

SPIELANLEITUNG

Ein Spieler wird zum Gespenst bestimmt und darf sich im dunklen Zimmer oder Kellerraum verstecken. Die Gespensterjäger werden mit Taschenlampen ausgestattet und haben genau 30 Sekunden Zeit, das „Gespenst" zu finden. Gelingt es ihnen nicht, darf sich das „Gespenst" noch einmal verstecken, ansonsten wird es ersetzt durch den Spieler, der es zuerst entdeckt hat.

Süßigkeiten-Memory

KNOWHOW → Taktik und Glück

MITSPIELER → 2 bis 8 Spieler

ALTER → ab 4 Jahre

ZEITBEDARF → ca. 15 Minuten

ZUBEHÖR → Süßigkeiten und viele Becher

ZIEL → Ziel ist es, Pärchen zu finden und somit so viele Süßigkeiten wie möglich zu erspielen.

→ Süßigkeiten-Memory ist ein sehr ruhiges Spiel und kann inmitten einer lauten Party alle wieder ein wenig zur Ruhe bringen.

SPIELANLEITUNG

Man benötigt verschiedene kleine Süßigkeiten jeweils im Zweierpack (je nach Anzahl der Spieler): z. B. zwei Lakritzschnecken, zwei gleiche Bonbons, zwei Gummibärchen derselben Farbe, zwei getrocknete Apfelringe, zwei Kekse usw. Je eine Schleckerei wird unter einem umgedrehten Becher versteckt und auf dem Tisch platziert. Es gelten dieselben Spielregeln wie beim klassischen Memory. Wer ein gleiches Paar aufgedeckt hat, darf die Süßigkeiten sofort auffuttern!
Je nach Motto kann man die Süßigkeiten variieren. Wenn man z. B. eine Party mit dem Motto Regenbogen feiert, dann bieten sich bunte Smarties an – oder Gummibärchen –, farblich sortiert. Natürlich kann man auch salzige oder gesunde Snacks nehmen, wie etwa kleine Salzbrezen, Nüsse oder Trauben.

Gesichter raten

KNOWHOW → Erkennungsvermögen

MITSPIELER → ab 4 Spieler

ALTER → ab 3 Jahre

ZEITBEDARF → ca. 5 bis 15 Minuten

ZUBEHÖR → Ein großes Tuch oder eine Decke , durch das man nichts sehen kann.

ZIEL → Ziel ist es, so schnell es geht so viele Gesichter wie möglich zu erraten.

GESCHICHTE → Ein sehr altes Spiel, das schon auf dem Gemälde *Die Kinderspiele* (ca. 1560) von Pieter Bruegel zu sehen ist.

SPIELANLEITUNG

Die Spielenden sitzen nebeneinander auf dem Boden und rücken ganz nah zusammen, ihre Gesichter werden von einem großen Tuch verhüllt. Ein Spieler sitzt vor ihnen und versucht durch Abtasten ihrer Gesichter zu erkennen, wer hinter dem Tuch sitzt. Wessen Name richtig erraten wurde, kommt unter dem Tuch hervor und darf als Nächster Gesichter raten. Die anderen Spieler hinter dem Tuch ändern die Sitzordnung.

SPIELVARIATION

Aus dem Tuch wird ein kleines Loch geschnitten, durch welches ein Auge, ein Ohr, der Mund oder die Nase gesteckt wird. Dann muss erraten werden, zu wem das Körperteil gehört.

Super lustiges Kinder-Party-Spiel!

Stadt-Land-Fluss

KNOWHOW → Wissen

MITSPIELER → 2 bis 10 Spieler

ALTER → ab 6 Jahre

ZEITBEDARF → ca. 10 Minuten

ZUBEHÖR → Papier, Stift oder Bleistift

ZIEL → Wer am Ende des Spiels die meisten Punkte erspielt hat, gewinnt das Spiel!

SPIELANLEITUNG

Jeder erhält ein Blatt Papier und einen Stift. Das Blatt wird in sechs Spalten unterteilt. Oben werden die Begriffe Stadt, Land, Fluss / Gewässer, Pflanze, Tier, Name geschrieben. Jemand sagt laut **A** und zählt dann leise (für sich) das Alphabet weiter, bis ein anderer Spieler Stopp! ruft.
Der Alphabet-Ansager nennt laut den Buchstaben, bei dem er gerade angelangt ist. Mit diesem Buchstaben versuchen nun alle, die sechs Begriffe zu bilden. Zum Beispiel **M:** **M**eran, **M**exiko, **M**oldau, **M**agnolie, **M**arder, **M**aria. Wer als Erster fertig ist, ruft Stopp! und es darf niemand mehr weiterschreiben.
Nun wird ausgewertet. Wer als Einziger einen Begriff in einer Spalte stehen hat, bekommt zehn Punkte. Wenn zwei oder mehr Spielende einen Begriff in einer Spalte haben, diese Begriffe aber unterschiedlich sind, bekommt jeder fünf Punkte (zum Beispiel Stadt: **M**ünster und **M**ünchen). Haben zwei oder mehrere Spieler den gleichen Begriff in der Spalte stehen, bekommt keiner einen Punkt.
Es geht also darum, möglichst schnell zu sein und weniger gängige Begriffe niederzuschreiben. Das Spiel lässt sich mit anderen Suchbegriffen variieren, zum Beispiel Instrumente, Obst / Gemüse, Schimpfwörter, Bücher usw.

Piñata

KNOWHOW → Geschicklichkeit

MITSPIELER → ab 4 Spieler

ALTER → ab 4 Jahre

ZEITBEDARF → ca. 10 bis 20 Minuten

ZUBEHÖR → Piñata, Schläger, Augenbinde, Süßigkeiten oder kleine Geschenke

ZIEL → Ziel ist es, so schnell wie möglich die Piñata aufzuschlagen.

GESCHICHTE → Das Spiel hat seinen Ursprung in Mexiko und wird oft bei Feiern und Festen gespielt.

SPIELANLEITUNG

Piñata ist ein traditionelles Spiel, bei dem eine bunt dekorierte Figur aus Papier (Pappmaché), die man selbst bastelt oder im Laden kauft, gefüllt mit Süßigkeiten und kleinen Spielzeugen, aufgehängt wird. Die Spielenden schlagen abwechselnd mit einem Stock auf die Piñata ein, bis sie zerbricht und die Überraschungen herausfallen. Oft werden die Augen der Spielenden dabei verbunden, um die Herausforderung zu erhöhen.

SPIELVARIATION

Hat man keine Piñata zur Hand, nimmt man einfach eine Schnur und hängt Süßigkeiten daran. Die Schnur klebt man an die Decke und dem Spieler werden die Augen verbunden. Er hat fünf Versuche, die Schnur mit einer Schere durchzuschneiden. Dann kommt der nächste Spieler dran.

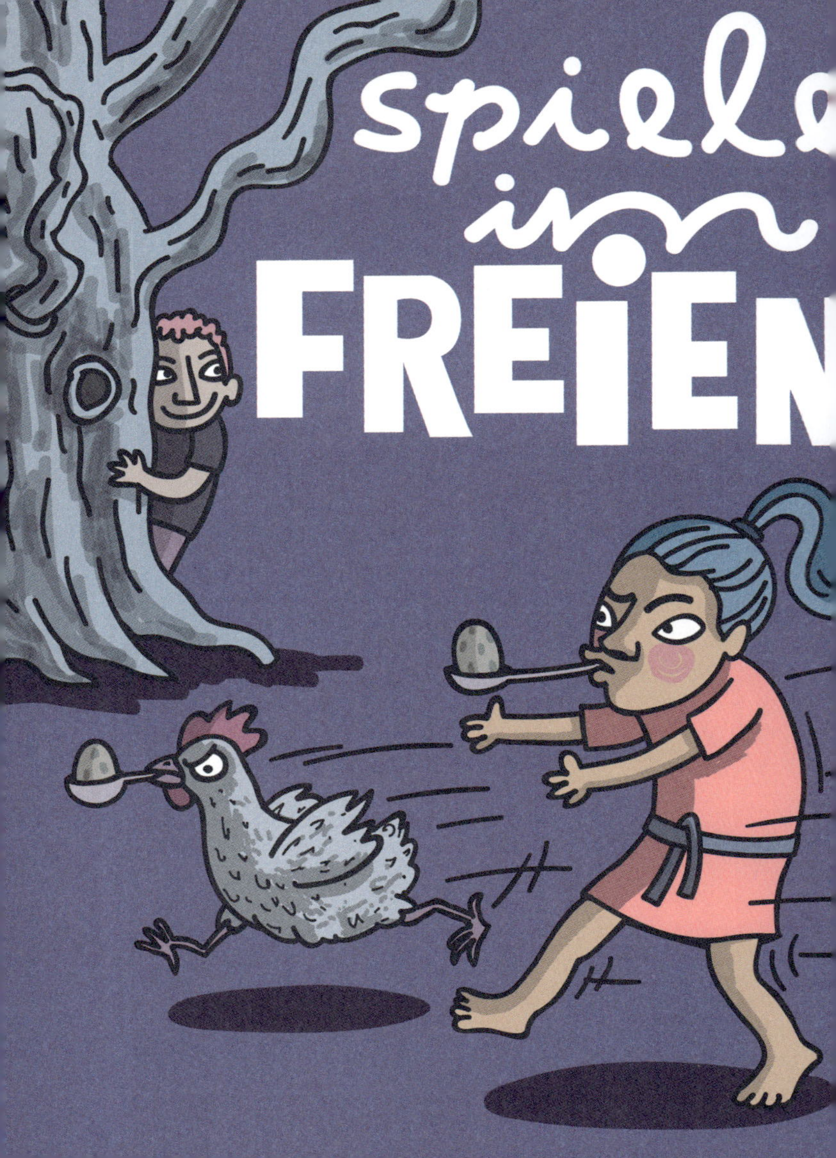
spiele im
FREIEN

Spiele im Freien nutzen die natürliche Umgebung und bieten den Spielern die Möglichkeit, sich an der frischen Luft zu bewegen, die Natur zu erleben und körperlich aktiv zu sein. Diese Spiele fördern nicht nur körperliche Fitness und motorische Fähigkeiten, sondern auch soziale Interaktion, Kreativität und das Umweltbewusstsein.

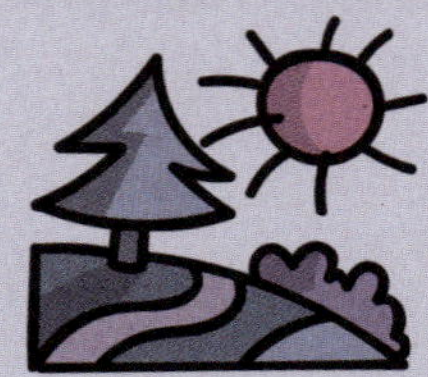

Fahndl stehln

KNOWHOW → Geschicklichkeit und Zusammenarbeit

MITSPIELER → 6 bis 20 Spieler

ALTER → ab 4 Jahre

ZEITBEDARF → ca. 15 bis 30 Minuten

ZUBEHÖR → Fähnchen (Stofftuch) oder andere Markierungen

ZIEL → Ziel ist es, als Team die gegnerische Fahne zu stehlen.

→ Fahndl stehln ist ein bekanntes Outdoor-Spiel, das Strategie und Teamarbeit erfordert.

SPIELANLEITUNG

Zwei Teams treten gegeneinander an. Jedes Team hat eine eigene sogenannte Basis mit ihrem Fahndl (Fähnchen). Ziel beider Teams ist es, das Fähnchen des gegnerischen Teams zu stehlen und zur eigenen Basis zurückzubringen, ohne dabei gefangen (es reicht eine Berührung) zu werden.

- Gefangene Spieler müssen in einem vorher bestimmten Bereich bleiben, bis sie von ihrem Team abgeklatscht werden und somit wieder frei sind.
- Wer als erstes Team die Fahne des anderen Teams gestohlen hat, hat gewonnen!

SPIELVARIATION

Es stehen sich zwei Reihen von Spielern gegenüber; jeder Spieler wird mit einer Zahl oder einer Farbe – die sich jeder merkt – versehen. Der Spielleiter ruft eine Zahl oder eine Farbe und die entsprechenden gegnerischen Spieler müssen versuchen, die Fahne in der Mitte zu stehlen und in ihre Reihe zu bringen.

Evas Lieblingsspiel mit Jugendlichen!

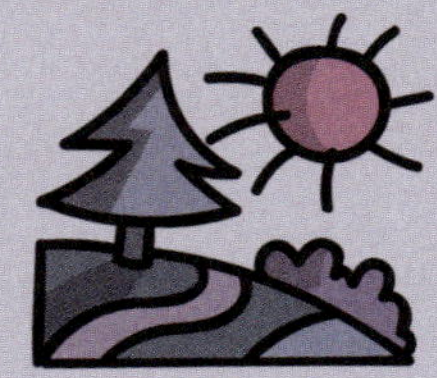

Raber und Putz

KNOWHOW → Geschicklichkeit

MITSPIELER → ab 10 Spieler

ALTER → ab 6 Jahre

ZEITBEDARF → ca. 20 bis 30 Minuten

ZUBEHÖR → keines notwendig

ZIEL → Ziel ist es, alle Räuber zu fangen!

→ Räuber (Raber) und Polizist (Putz) hat seine Wurzeln in traditionellen Kinderspielen. Die genaue Herkunft ist nicht dokumentiert, aber ähnliche Fangspiele werden in vielen Kulturen seit Jahrhunderten gespielt.

SPIELANLEITUNG

Es werden zwei Gruppen gebildet, die einen sind die Räuber *(Raber)*, die anderen die Polizisten *(Putz)*. Die Polizisten zählen nun gemeinsam bis 100. Die Räuber verstecken sich. Danach beginnen die Polizisten, die Räuber zu suchen. Gelingt es ihnen, einem Räuber 3-mal auf den Rücken zu klopfen, so ist der gefangen und muss ohne Widerstand ins Gefängnis mitkommen. Die Gefangenen müssen im Gefängnis bleiben.
Gelingt es aber einem noch freien Räuber, einem Gefangenen 3-mal auf den Rücken zu klopfen, so ist dieser wieder frei und darf wegrennen.
Das Spiel endet, wenn alle Räuber gefangen sind oder die Polizisten aufgeben.

Völkerball

KNOWHOW → Geschicklichkeit und Zusammenarbeit

MITSPIELER → 6 bis 20 Spieler

ALTER → ab 6 Jahre

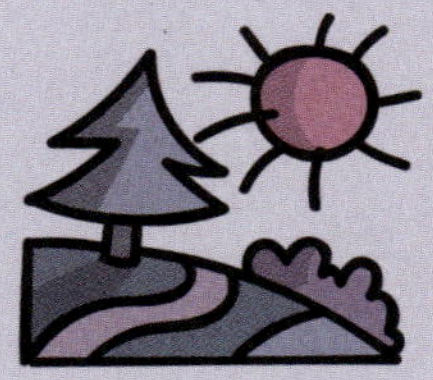

ZEITBEDARF → ca. 20 bis 30 Minuten

ZUBEHÖR → Ball

ZIEL → Ziel ist es, alle Spieler des gegnerischen Teams in das Freigeistfeld zu bringen.

→ Völkerball ist ein sehr bekanntes und beliebtes Ballspiel weltweit.

SPIELANLEITUNG

Zwei Teams treten gegeneinander an und versuchen, die Spielenden des gegnerischen Teams mit einem Ball abzuwerfen (zu treffen). Fängt ein Spieler den Ball und wird nicht abgeschossen, hat er wiederum die Chance, einen gegnerischen Spieler zu treffen. Der hintere Teil eines jeden Team-Feldes wird Freigeistfeld genannt. Dort befindet sich nur der „Freigeist" und die abgeschossenen gegnerischen Spieler. Die Spieler, die sich im Freigeistfeld befinden, können die gegnerische Mannschaft abschießen, um zurück ins normale Feld zu kommen. Die Spieler können den Ball vom normalen Feld über die Gegner hinweg ins

Freigeistfeld werfen, damit sich die anderen freischießen können.
Das Team, das zuerst alle gegnerischen Spielenden ins Freigeistfeld bringt, gewinnt.

Ochs am Berg

KNOWHOW → Geschwindigkeit und Geschicklichkeit

MITSPIELER → 4 bis 20 Spieler

ALTER → ab 6 Jahre

ZEITBEDARF → ca. 10 bis 20 Minuten

ZUBEHÖR → keines notwendig

ZIEL → Ziel ist es, als Erster den „Ochsen" zu erreichen.

→ Ein klassisches Fangspiel, das weltweit in ähnlicher Form existiert.

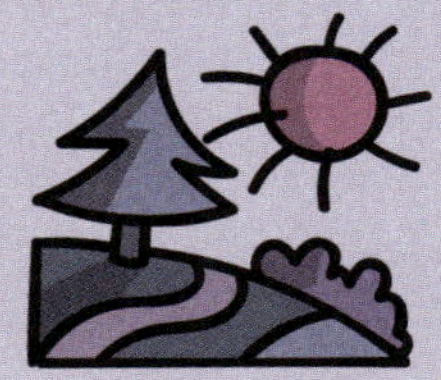

SPIELANLEITUNG

Alle Spielenden bis auf einen stellen sich ca. zehn bis fünfzehn Meter von einer Wand oder ähnlichem entfernt auf. Der Ochs stellt sich mit dem Gesicht zur Wand und ruft: Ochs am Berg! Mal sagt er den Spruch langsam, mal ganz schnell. Während der Ochs diesen Spruch aufsagt, rennen die Mitspieler auf die Wand zu. Beim Wort Berg dreht sich der Ochs um und alle Spielenden müssen wie versteinert in ihrer Bewegung verharren. Erwischt der Ochs jemanden in Bewegung, muss dieser zurück an den Start.
Der Erste, der den Ochsen berührt, gewinnt und wird der neue Ochs am Berg.

Perfekt für große Gruppen!

Wer hat Angst vor der schwarzen Katze?

KNOWHOW → Geschwindigkeit und strategisches Denken

MITSPIELER → 6 bis 20 Spieler

ALTER → ab 4 Jahre

ZEITBEDARF → ca. 15 bis 30 Minuten

ZUBEHÖR → keines notwendig

ZIEL → Je nach zugeteilter Rolle ist das Ziel, davonzulaufen oder als schwarze Katze die anderen zu fangen.

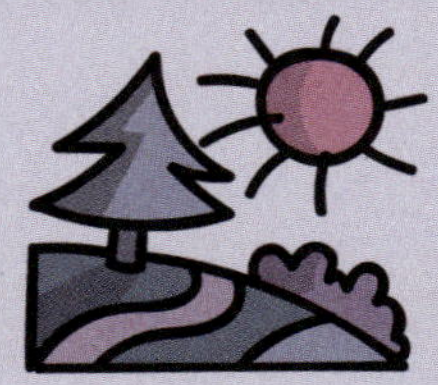

→ Früher war das Spiel unter dem Namen Wer hat Angst vor dem schwarzen Mann? bekannt. Aus ethnischem Respekt wurde es umbenannt. Wer hat Angst vor der schwarzen Katze? ist ein bekanntes Fangspiel, besonders im deutschen Sprachraum.

SPIELANLEITUNG

Ein Spieler ist die „Schwarze Katz" und versucht, die anderen Spieler zu fangen. Die schwarze Katze begibt sich auf eine Seite des Spielfeldes, die anderen auf die andere Seite.

- Die schwarze Katze ruft: Wer hat Angst vor der schwarzen Katze?
- Die Spieler antworten daraufhin: Niemand!
- Dann ruft die schwarze Katze: Und wenn sie kommt?
- Die Spieler antworten: Dann laufen wir davon!

Daraufhin laufen alle in die Richtung der schwarzen Katze und diese versucht, die Spieler zu fangen. Jeder darf nur in eine Richtung laufen und sich dabei nicht umdrehen.

Kaiser, wie viele Schritte darf ich gehen?

KNOWHOW → Geschicklichkeit, Taktik

MITSPIELER → 2 bis 10 Spieler

ALTER → ab 3 Jahre

ZEITBEDARF → ca. 10 Minuten

ZUBEHÖR → keines notwendig

ZIEL → Wer als Erster die Kaiserwand erreicht, gewinnt das Spiel!

SPIELANLEITUNG

Ein Spieler steht an der Wand, er ist der Kaiser. Alle anderen stehen mindestens fünf Meter weiter weg. Der Kaiser wendet sich der Wand zu und darf nicht mehr zu den anderen schauen. Nun beginnt einer zu fragen: Kaiser, wie viele

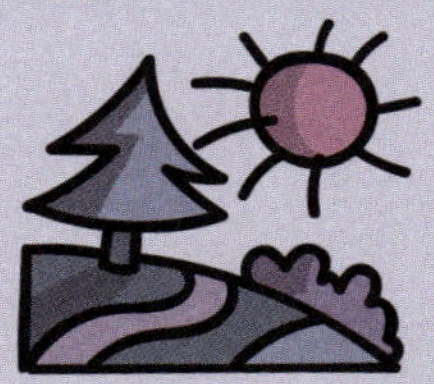

Schritte darf ich gehen? Der Kaiser gibt ihm eine Antwort, die die Art der Schritte sowie die Anzahl, die Richtung und die Größe der Schritte vorschreibt, wie z. B. vier Gänsefußschrittchen oder ein Riesensprung oder zwei Schritte rückwärts usw. In gleichbleibender Reihenfolge fragen die Spieler immer abwechselnd den Kaiser, wie viel sie gehen dürfen. Derjenige, der gefragt hat, darf als Einziger die Schritte laufen. Wer die Kaiserwand als Erster berührt, wird neuer Kaiser und das Spiel beginnt von vorne.

SPIELVARIATION

Der Kaiser benennt zusätzlich eine Farbe und die Anzahl der Schritte. Z. B. Rot darf zwei Schritte vor. Alle, die etwas Rotes anhaben, dürfen die Aktion durchführen.

Fangelus

KNOWHOW → Geschwindigkeit und Wendigkeit

MITSPIELER → ab 2 Spieler

ALTER → ab 3 Jahre

ZEITBEDARF → ca. 10 bis 20 Minuten

ZUBEHÖR → keines notwendig

ZIEL → Je nach zugeteilter Rolle ist das Ziel, davonzulaufen oder die anderen Spieler zu fangen.

→ Fangen oder Nachlauf ist ein Laufspiel, das überall in der Welt gespielt wird.

SPIELANLEITUNG

Einer ist der Fangende und versucht, die anderen Spielenden zu fangen (Fangenspiel). Der Fänger muss einen Mitspieler durch eine Berührung fassen. Erwischt er jemanden, wechseln die Teilnehmer ihre Rollen: Der Fänger wird zum Gejagten und der Gejagte zum Fänger.

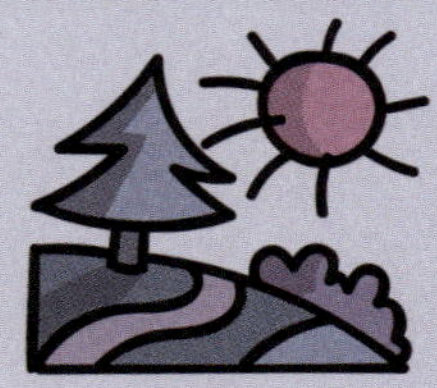

Versteckelus

KNOWHOW → Geschicklichkeit und Taktik

MITSPIELER → ab 2 Spieler

ALTER → ab 3 Jahre

ZEITBEDARF → ca. 15 bis 30 Minuten

ZUBEHÖR → keines notwendig

ZIEL → Ziel ist, die versteckten Mitspieler zu finden.

SPIELANLEITUNG

Beim Versteckspiel stellt sich ein Spieler an die Wand oder an einen Baum und zählt langsam bis zehn. Je nach Größe des Suchfeldes auch weiter. Währenddessen suchen sich die anderen gute Plätze, an denen sie sich verstecken können. Wenn der suchende Spieler mit dem Zählen fertig ist, ruft er laut: Eins, zwei, drei, ich komme! Nun beginnt der Sucher, die anderen zu suchen und zu finden.

Hat man jemanden entdeckt, läuft man zurück zum Ausgangspunkt (Wand, Baum usw.), berührt diesen und ruft: Eins, zwei, drei für ... (Name)! Der Entdeckte kommt aus dem Versteck. War er der Erste, muss er in der nächsten Runde suchen. Die anderen Spieler haben die Möglichkeit, sich „freizuschlagen", indem sie, wenn der Suchende weit genug entfernt ist, zum Ausgangspunkt laufen und rufen: Eins, zwei, drei, ich bin frei! In Südtirol sagt man auch Eins, zwei, drei, abgespeckt.

Dabei gibt es schon so manche Wettrennen zwischen Suchenden und Versteckten. Wer zuerst die Wand berührt, hat gewonnen. Dann gilt der versteckte Spieler entweder als frei oder gefunden.

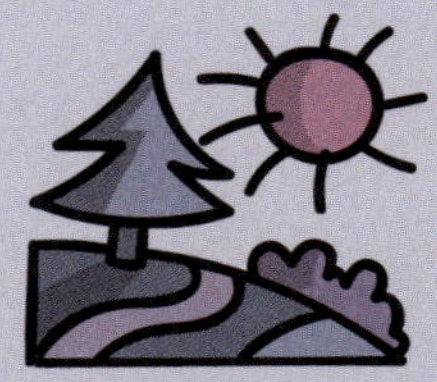

Sackhüpfen

KNOWHOW → Geschicklichkeit und Balance

MITSPIELER → 4 bis 20 Spieler

ALTER → ab 6 Jahre

ZEITBEDARF → ca. 10 bis 20 Minuten

ZUBEHÖR → Große Kartoffelsäcke

ZIEL → Wer als Erster im Ziel ist, gewinnt das Spiel!

→ Sackhüpfen ist ein traditionelles Wettrennen, das oft auf Volksfesten gespielt wird.

SPIELANLEITUNG

Jeder Spieler erhält einen großen Kartoffelsack, in den jeder hineinsteigt. Auf ein Startsignal hin hüpfen alle über eine festgelegte Distanz, um das Ziel zu erreichen.

Boccia

KNOWHOW → Geschicklichkeit und Strategie

MITSPIELER → ab 2 bis 8 Spieler

ALTER → ab 6 Jahre

ZEITBEDARF → ca. 30 bis 60 Minuten

ZUBEHÖR → Boccia-Kugeln und Zielkugel (Pallino)

ZIEL → Ziel ist es, seine Kugeln näher als die Gegner an die Zielkugel zu werfen.

GESCHICHTE → Ein antikes Spiel, das auf das Römische Reich zurückgeht.

→ In Südtirol gab es früher viele Boccia-Bahnen, die oftmals neben einem Gasthof lagen und zur Unterhaltung der Gäste dienten.

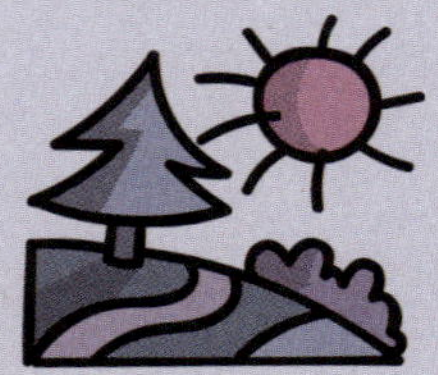

SPIELANLEITUNG

Boccia ist ein Präzisionsspiel, bei dem die Spielenden Kugeln so nah wie möglich an eine kleinere Zielkugel (Pallino oder Waudel) werfen. Alle Spielenden oder jedes Team hat unterschiedlich farbige Kugeln. Das Spiel kann auf verschiedenen Untergründen wie Gras oder Sand gespielt werden und erfordert Geschicklichkeit.

Lastighupfen

KNOWHOW → Geschicklichkeit

MITSPIELER → ab 3 Spieler

ALTER → ab 4 Jahre

ZEITBEDARF → variabel

ZUBEHÖR → Ein Stück dickere Gummischnur

ZIEL → Ziel ist es, alle Sprünge und Muster fehlerfrei zu meistern.

→ Lastighupfen (Gummihüpfen oder Gummitwist) ist in Südtirol auf vielen Schulhöfen sehr beliebt. Es ist ein sehr einfaches Spiel, bei dem mehrere Spieler gemeinsam spielen können.

SPIELANLEITUNG

Gummitwist-Spiele sind Spiele, bei denen Spieler mit einem *Lastig* (Gummiband) verschiedene Figuren und Muster hüpfen. Zwei Spieler haben das Gummiband um ihre Knöchel, Knie oder Hüfte und ein oder mehrere Spieler müssen verschiedene Muster hüpfen.

Ein bekannter Hüpfreim ist Hau Ruck:
Hau ruck – Donald Duck – Micky Maus – rein, raus.

Es gibt verschiedene Sprünge:
Hexensprung, Schmetterling, einfacher Sprung, Gummirauf-Sprung usw.

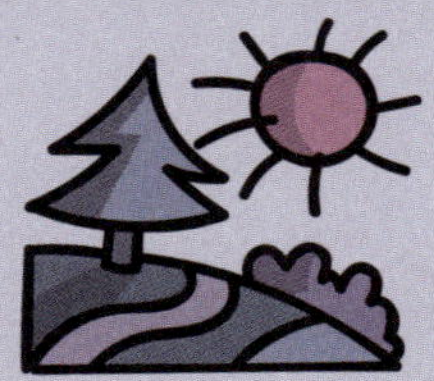

Tempelhüpfen

KNOWHOW → Geschicklichkeit und Balance

MITSPIELER → ab 1 Spieler

ALTER → ab 4 Jahre

ZEITBEDARF → ca. 10 bis 20 Minuten

ZUBEHÖR → Kreide oder ähnliche Markierungen, Stein zum Markieren

ZIEL → Ziel ist es, alle Kästchen der Reihe nach zu durchlaufen.

→ Tempelhüpfen ist ein traditionelles Kinderspiel mit vielen Variationen.

SPIELANLEITUNG

Tempelhüpfen ist ein Hüpfspiel, bei dem ein Spielfeld mit nummerierten Kästchen auf den Boden gezeichnet wird. Am besten kann man den „Tempel" mit Straßenkreide auf Asphalt malen. Die Spielenden werfen einen kleinen Stein oder einen anderen Gegenstand in eines der Kästchen und hüpfen dann auf einem Bein durch die Kästchen, ohne auf die Linien zu treten. Ziel ist es, alle Kästchen der Reihe nach zu durchlaufen.

Seilziehen

KNOWHOW → Kraft und Zusammenarbeit

MITSPIELER → 4 bis 10 Spieler

ALTER → ab 2 Jahre

ZEITBEDARF → ca. 10 bis 20 Minuten

ZUBEHÖR → Seil mit viel Zugkraft

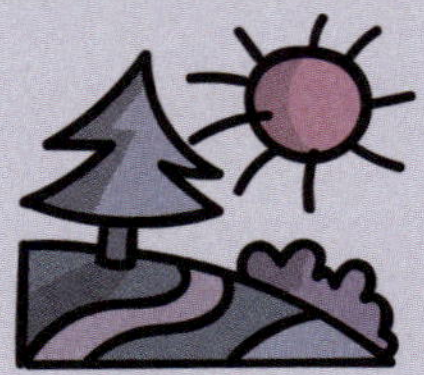

ZIEL → Ziel ist es, die gegnerische Mannschaft über die Markierung zu ziehen.

→ Ein traditionelles Spiel, das in vielen Kulturen bekannt ist, und vor allem auf Festen und in Jugendlagern sehr beliebt ist.

SPIELANLEITUNG

Zwei Teams (gleich große Mannschaften oder Eltern gegen Kinder) stehen sich gegenüber. Zwischen ihnen wird eine Linie gezogen und ein Seil gelegt, an dem sich alle festhalten. Jede Mannschaft versucht nun, den Vordersten der gegnerischen Mannschaft über die Markierung zu ziehen. Wem dies gelingt, der hat gewonnen. Anstatt eines Seils kann auch ein Rundholz, das die beiden ersten Spieler jeder Mannschaft festhalten, benutzt werden. Die anderen des Teams greifen dem Vordersten um den Bauch.

SPIELVARIATION

Bei vier Spielern ist folgende Variante möglich: Das Seil wird zusammengeknotet und die Spieler bilden ein Viereck. Hinter jedem Spieler steht in drei Metern Abstand ein Kegel oder eine leere Plastikflasche. Nun versucht jeder Spieler, die anderen drei so weitauf seine Seite zu ziehen, dass er seine Markierung umwerfen kann.

Zehnerle Ballspiel

KNOWHOW → Geschicklichkeit

MITSPIELER → 2 bis 10 Spieler

ALTER → ab 3 Jahre

ZEITBEDARF → ca. 10 Minuten

ZUBEHÖR → Ball und Wand

ZIEL → Ziel ist es, als Erster die 10er-Reihe fehlerfrei zu spielen.

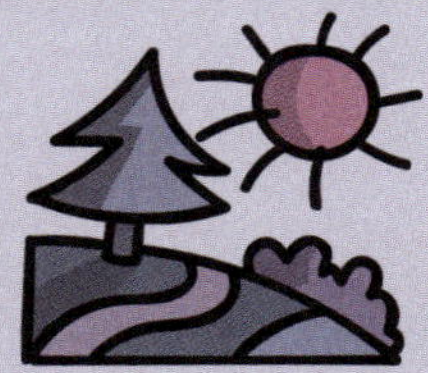

SPIELANLEITUNG

Dieses Spiel kann man allein oder auch als Wettspiel in der Gruppe spielen. Es geht darum, den Ball in verschiedenen Varianten an die Wand zu werfen und wieder aufzufangen.

Man stellt sich mit einem Ball ca. drei bis vier Meter vor einer Wand auf:

- 10-mal: Den Ball mit beiden Händen an die Wand werfen, einmal aufspringen lassen und fangen.
- 9-mal: Den Ball mit beiden Händen an die Wand werfen und ohne aufspringen lassen sofort wieder auffangen.
- 8-mal: Den Ball mit der rechten Hand an die Wand werfen und sofort wieder auffangen.
- 7-mal: Den Ball mit der linken Hand an die Wand werfen und sofort wieder fangen.
- 6-mal: Den Ball mit beiden Händen an die Wand werfen, vorne in die Hände klatschen und wieder fangen.
- 5-mal: Den Ball mit beiden Händen an die Wand werfen, hinten in die Hände klatschen und den Ball wieder fangen.
- 4-mal: Den Ball unter dem rechten Bein an die Wand werfen und gleich wieder fangen.

- 3-mal: Den Ball unter dem linken Bein an die Wand werfen und gleich wieder fangen.
- 2-mal: Den Ball an die Wand werfen, sich einmal drehen und den Ball wieder fangen.
- 1-mal: Den Ball rückwärts an die Wand werfen, sich umdrehen und den Ball sofort wieder fangen.

Wenn der Ball nicht gefangen wird, wieder von vorne anfangen. Spielt man mit mehreren, kann abwechselnd so lange gespielt werden, bis einer einen Fehler macht. Wer es als Erster schafft, die Reihe durchzuspielen, hat gewonnen!

Zeitung schlagen

KNOWHOW → Geschicklichkeit

MITSPIELER → ab 4 Spieler

ALTER → ab 4 Jahre

ZEITBEDARF → ca. 10 Minuten

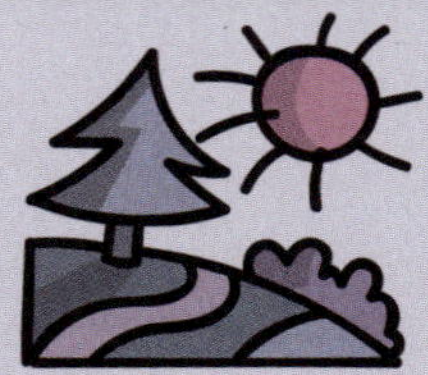

ZUBEHÖR → Alte Zeitungen und ein Tuch als Augenbinde

ZIEL → Ziel ist es, nicht von der Zeitung getroffen zu werden.

SPIELANLEITUNG

Ein Spieler bekommt die Augen mit einem Tuch verbunden und hat eine alte zusammengerollte Zeitung in der Hand. Die anderen Spieler dürfen ihn nun necken und ärgern. Wenn der „blinde" Spieler jedoch mit der Zeitung einen der anderen trifft, darf er sich das Tuch abnehmen und der Getroffene muss sich die Augen verbinden lassen.

SPIELVARIATION

Es ist auch möglich, ein ganz normales Fangenspiel zu spielen, bei dem der Fangende mit der Zeitung abschlagen muss. Er schleudert anschließend die Zeitung fort und hat so Zeit wegzulaufen.

Eulensuche

KNOWHOW → Orientierungssinn im Dunkeln

MITSPIELER → ab 7 Spieler

ALTER → ab 7 Jahre

ZEITBEDARF → ca. 30 bis 60 Minuten

ZUBEHÖR → Stationserkennungsnummern als „Euleneier"

ZIEL → Ziel ist es, als erste Gruppe alle Euleneier zu finden!

GESCHICHTE → Nachtspiele wie Eulensuche sind moderne Adaptionen traditioneller Versteck- und Suchspiele, die an die Dunkelheit angepasst wurden. Diese Spiele sind besonders bei Jugendgruppen und Pfadfinderlagern beliebt.

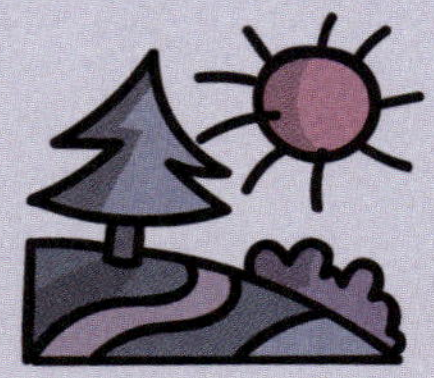

SPIELANLEITUNG

Die Spielenden werden in Kleingruppen eingeteilt und müssen sich nachts im Wald orientieren, um die Eulen zu suchen. Die Eulen machen nur durch Eulengeräusche auf sich aufmerksam. Sobald die Gruppe eine Eule gefunden hat, darf diese sich zu erkennen geben und ihr ein „Eulenei" mitgeben.

Die Gruppenleiter verstecken sich im nächtlichen Wald und machen, wenn sie hören, dass eine Gruppe kommt, Eulengeräusche. Die Gruppe kehrt erst zum Ausgangspunkt zurück, wenn sie alle Euleneier eingesammelt hat. Auch die Eulen kommen erst aus dem Versteck, wenn alle Euleneier gefunden wurden.

Lieblings-Nacht-Spiel!

Tschurtschen-Weitwurf

KNOWHOW → Geschicklichkeit

MITSPIELER → 2 bis 10 Spieler

ALTER → ab 3 Jahre

ZEITBEDARF → ca. 10 Minuten

ZUBEHÖR → Tschurtschen (Tannenzapfen), Wald

ZIEL → Wer am weitesten wirft, gewinnt das Spiel!

SPIELANLEITUNG

Wer sammelt am meisten Tschurtschen in fünf Minuten? Dies kann bereits der erste Teil des Spiels sein und es gibt einen ersten Gewinner. Alle Mitspielenden sollten mehrere Tschurtschen gesammelt haben (Anzahl kann festgelegt werden) und keine (!) sollte vom Baum gerissen werden. Entsprechend eignet sich der Herbst oder ein wärmerer Winter für dieses Spiel, denn auch im Schnee macht

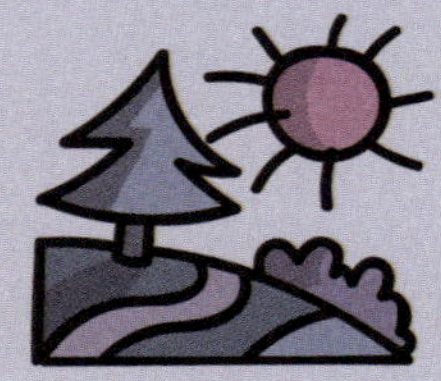

Tannenzapfenweitwurf einen riesigen Spaß. Es wird eine Wurflinie markiert und nacheinander wird geworfen. Bei jeder Runde gewinnt der weiteste Tschurtschenwurf.

Figuren reißen

KNOWHOW → Geschicklichkeit und Glück

MITSPIELER → 2 bis 10 Spieler

ALTER → ab 5 Jahre

ZEITBEDARF → ca. 10 Minuten

ZUBEHÖR → keines notwendig

ZIEL → Ziel ist es, die schönste Figur darzustellen.

→ Dieses Spiel ist voll cool im Schnee zu spielen.

SPIELANLEITUNG

Einer ist der „Reißer“ und beginnt zu spielen: Er fasst überkreuzt die Hände eines Mitspielers und beginnt sich mit ihm immer schneller zu drehen. Wenn beide genug Schwung haben, lässt der Reißer den anderen los. Der muss sofort in der Stellung verharren, in der er zum Stehen gekommen ist. Jeder Losgelassene muss ebenso zur Figur erstarren. Wenn alle an der Reihe waren, sucht der Reißer sich die schönste Figur aus, die nun die Rolle des Reißers übernehmen darf.

Wasserflaschen-schütten

KNOWHOW → Geschicklichkeit

MITSPIELER → 2 bis 10 Spieler

ALTER → ab 5 Jahre

ZEITBEDARF → ca. 10 Minuten

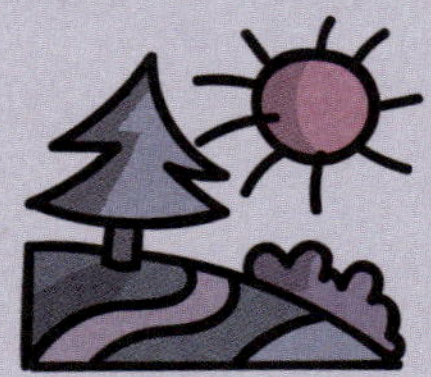

ZUBEHÖR → Ein Ball und für jeden Spieler eine mit Wasser gefüllte Flasche.

ZIEL → Wer als Letzter noch Wasser in seiner Flasche hat, gewinnt das Spiel!

SPIELANLEITUNG

Alle Spieler stehen im Kreis und haben eine mit Wasser gefüllte Flasche vor sich stehen. Die Spieler rollen sich den Ball zu und versuchen dabei, eine fremde Flasche umzuwerfen. Ist eine umgefallen, muss deren „Besitzer" sofort den Ball holen. In dieser Zeit darf der Spieler, der die Flasche getroffen hat, das Wasser aus der Flasche schütten. Hat der andere Spieler den Ball wieder in Händen, ruft er Stopp! und die Flasche muss wieder hingestellt werden. Wer als Letzter noch Wasser in seiner Flasche hat, ist Sieger.

Menschenmemory

KNOWHOW → Geschicklichkeit

MITSPIELER → ab 9 Spieler

ALTER → ab 8 Jahre

ZEITBEDARF → ca. 10 Minuten

ZUBEHÖR → keines notwendig

ZIEL → Ziel ist es, so schnell wie möglich alle zusammengehörigen Paare zu finden.

→ In einer großen Gruppe macht das Spiel auch als Teamspiel Spaß.

SPIELANLEITUNG

Das Menschenmemory eignet sich am besten für etwas größere Gruppen ab neun Personen. Zunächst meldet sich ein Freiwilliger und verlässt die Gruppe. Er darf die anderen weder hören noch sehen können. In der Zwischenzeit teilt sich die Gruppe in Paare auf, die sich jeweils auf ein

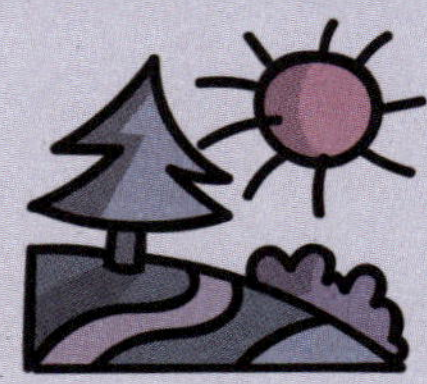

gemeinsames Zeichen einigen: Geste, Mimik, Bewegung, Laut oder Wort. Sobald man sich darauf geeinigt hat, verteilen sich die Teilnehmer nach dem Zufallsprinzip auf dem Platz, der Freiwillige wird gerufen und muss die richtigen Paare finden.

Variante: Der Sucher berührt eine Person, die zeigt oder sagt ihr Zeichen. Er berührt eine andere Person, die das ebenfalls macht usw. bis er die ersten Zusammengehörenden bzw. Paare entdeckt!

Spiele für

UNTERWEGS

Spiele für unterwegs für Kinder sind Aktivitäten oder Spiele, die darauf ausgelegt sind, den Kindern das Reisen mit Zug, Bus, PKW oder bei einem Städtetrip angenehmer und kurzweiliger zu gestalten. Für die allermeisten Spiele benötigt man kein spezielles Material.

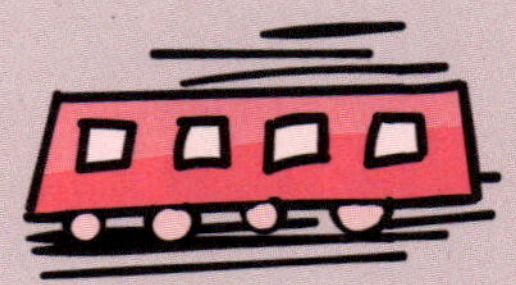

Ich sehe was, was du nicht siehst!

KNOWHOW → Beobachtungsgabe und Sprachfertigkeit

MITSPIELER → ab 2 Spieler

ALTER → ab 4 Jahre

ZEITBEDARF → ca. 10 bis 20 Minuten

ZUBEHÖR → keines notwendig

ZIEL → Ziel ist es, so schnell wie möglich die beschriebenen Objekte zu erraten.

GESCHICHTE → Ein bekanntes Ratespiel, besonders für lange Autofahrten oder beim Warten.

SPIELANLEITUNG

Ein Spieler beschreibt ein Objekt, das er sieht, mit: Ich sehe was, was du nicht siehst, und das ist … (Farbe des Objekts). Die anderen Mitspieler müssen das Objekt erraten. Derjenige, der den Begriff als Erster errät, darf das nächste Objekt beschreiben.

Wer bin ich?

KNOWHOW → Kommunikationsfähigkeit, um die Ecke denken können

MITSPIELER → ab 2 Spieler

ALTER → ab 4 Jahre

ZEITBEDARF → ca. 15 bis 30 Minuten

ZUBEHÖR → Karten oder Zettel mit Namen von Personen oder Charakteren

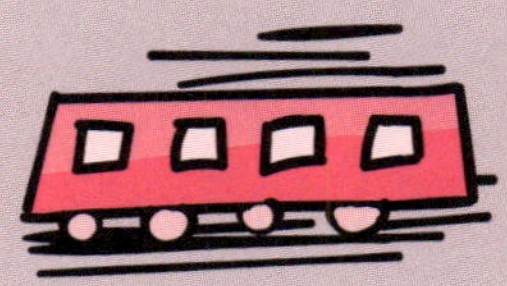

ZIEL → Ziel ist, so schnell wie möglich zu erraten, welche Person oder welchen Charakter man selbst darstellt.

GESCHICHTE → Ein populäres Ratespiel, das oft auf Partys gespielt wird.

SPIELANLEITUNG

Die Spieler haben Zettel mit Namen von Personen oder Charakteren auf der Stirn und müssen abwechselnd durch Ja-Nein-Fragen herausfinden, wer sie sind.

Wer als Erster seine Person oder seinen Charakter errät, gewinnt!

Auch cool für Erwachsene!

Gelbes Auto

KNOWHOW → Aufmerksamkeit und Reaktionsfähigkeit

MITSPIELER → ab 2 Spieler

ALTER → ab 2 Jahre

ZEITBEDARF → variabel

ZUBEHÖR → keines notwendig

ZIEL → Ziel ist es, als Erster das gesuchte Objekt zu entdecken.

→ Ein einfaches Beobachtungsspiel, das oft auf Reisen gespielt wird.

SPIELANLEITUNG

Die Spieler suchen unterwegs nach einem bestimmten Gegenstand oder einem Ereignis, wie z. B. einem gelben Auto. Wer es zuerst sieht, klatscht dem anderen auf dem Arm.

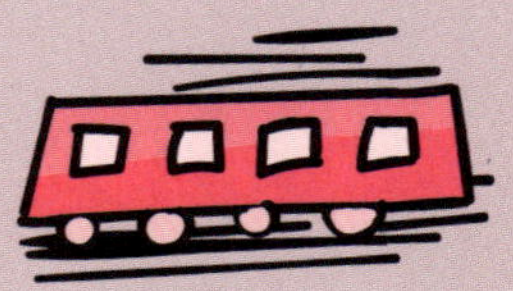

Zungenbrecher

KNOWHOW → Sprachfertigkeit

MITSPIELER → ab 2 Spieler

ALTER → ab 4 Jahre

ZEITBEDARF → ca. 5 Minuten

ZUBEHÖR → keines notwendig

ZIEL → Ziel ist es, die Zungenbrecher so verständlich wie möglich aufzusagen.

SPIELANLEITUNG

Einfach nachsprechen und lachen:

- Blaukraut bleibt Blaukraut und Brautkleid bleibt Brautkleid.

- Brautkleid bleibt Brautkleid und Blaukraut bleibt Blaukraut.
- Fischers Fritz fischt frische Fische.
- Frische Fische fischt Fischers Fritz.
- Der dicke Dachdecker deckt das Dach,
  nicht mein Dach, sondern das Nachbardach,
  dann wurde ich heute um 8 Uhr wach,
  ich hätte nie gedacht, dass das so Krach macht.
- Bierbrauer Bauer braut braunes Bier, braunes Bier braut Bierbrauer Bauer.
- Denke nie gedacht zu haben, denn das Denken der Gedanken ist gedankenloses Denken. Wenn du denkst, du denkst, dann denkst du nur du denkst, aber denken tust du nie.
- Wenn Grillen Grillen grillen, grillen Grillen Grillen!

Lustige Sätze bilden

KNOWHOW → Sprachfertigkeit

MITSPIELER → ab 2 Spieler

ALTER → ab 5 Jahre

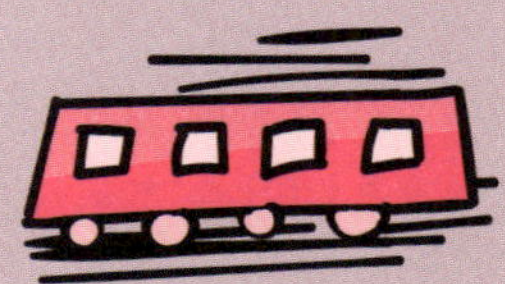

ZEITBEDARF → ca. 20 bis 30 Minuten

ZUBEHÖR → keines notwendig

ZIEL → Ziel ist es, einen lustigen Satz entstehen zu lassen.

SPIELANLEITUNG

Ein Spieler fängt mit einem Wort an, der nächste sucht ein passendes zweites Wort, um den Satz möglichst lustig zu gestalten. Das geht so lange weiter, bis man den Satz nicht mehr weiter formulieren kann. Und dann kann man einfach von vorn beginnen.

Das A-Z Spiel

KNOWHOW → Allgemeinwissen und Sprachfertigkeit

MITSPIELER → ab 2 Spieler

ALTER → ab 9 Jahre

ZEITBEDARF → ca. 20 bis 30 Minuten

ZUBEHÖR → keines notwendig

ZIEL → Ziel ist es, zu jedem Buchstaben eine passende Stadt oder ein passendes Land nennen zu können.

SPIELANLEITUNG

Man sucht sich gemeinsam eine Kategorie aus (z. B. Tiere, Namen, Pflanzen, Städte, Länder, Berufe usw.). Ein Spieler fängt mit **A** an und sucht z. B. ein Tier mit dem Anfangsbuchstaben **A.** Der nächste Spieler macht mit **B** weiter und so geht man das ganze Alphabet durch.

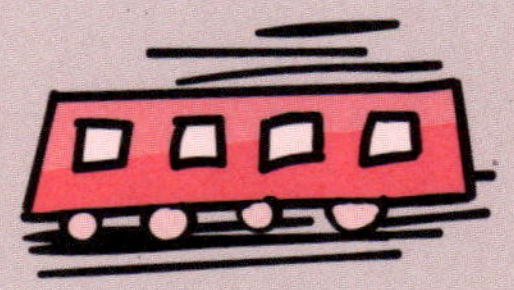

Reisebingo

KNOWHOW → Spitzfindigkeit

MITSPIELER → ab 2 Spieler

ALTER → ab 8 Jahre

ZEITBEDARF → ca. 20 bis 30 Minuten

ZUBEHÖR → Stift und Papier

ZIEL → Wer zuerst alle Begriffe auf seiner Liste gesehen hat, ruft Bingo und gewinnt das Spiel!

SPIELANLEITUNG

Alle zeichnen ein Feld mit 9 oder 12 kleineren Feldern. In jedes kleine Feld kann man dann einen Begriff schreiben, den man auf der Fahrt sehen könnte. Wenn man die verschiedenen Dinge gefunden hat, kann man sie jeweils durchstreichen.

Detektivspiel

KNOWHOW → gute Gedächtnisfähigkeit

MITSPIELER → ab 2 Spieler

ALTER → ab 8 Jahre

ZEITBEDARF → ca. 10 bis 20 Minuten

ZUBEHÖR → keines notwendig

ZIEL → Die Veränderung am Verdächtigen so schnell als möglich zu erkennen!

→ Bei diesem Spiel sind scharfe Augen gefragt!

SPIELANLEITUNG

Ein Spieler ist der Verdächtige. Die anderen Spieler sehen sich ihn ganz genau an und schließen dann die Augen. Jetzt verändert der verdächtige Spieler schnell eine Kleinigkeit an seinem Aussehen. Dann dürfen alle wieder hinschauen.

- Wer errät zuerst was verändert wurde?

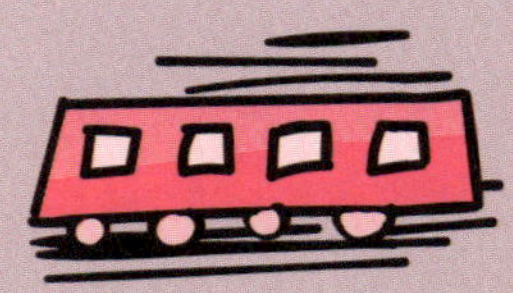

- Wer die Veränderung als Erster richtig erkennt, bekommt einen Punkt und ist der nächste Verdächtige.

Falls niemand auf die Lösung kommt, geht der Punkt an den Verdächtigen selbst. Wer nach sechs Runden die meisten Punkte hat, gewinnt das Spiel.

Wortschlange

KNOWHOW → Sprachfertigkeit

MITSPIELER → ab 2 Spieler

ALTER → ab 8 Jahre

ZEITBEDARF → ca. 20 bis 30 Minuten

ZUBEHÖR → keines notwendig

ZIEL → Wer als Letzter noch im Spiel ist, gewinnt das Spiel!

SPIELANLEITUNG

Man beginnt mit irgendeinem Wort, z. B. Rutsche. Da das Wort mit **E** endet, muss der nächste Spieler ein Wort mit **E** sagen, und so geht es immer weiter. Man muss immer mit dem letzten Buchstaben des vorherigen Wortes ein neues Wort bilden.

Mit diesem Spiel vergeht die Zeit wie im Flug!

Digital spielen in Südtirol

Wer in Südtirol ist noch nie mit Mario durch digitale Welten gesprungen, hat nicht seinen Ordnungsdrang in Tetris ausgelebt oder wird beim Klang „Wakawaka" nicht von Kindheitserinnerungen an PacMan überwältigt?
Videospiele sind genauso Teil unserer Südtiroler Geschichte der letzten 40 Jahre wie Monopoly, Siedler von Catan u. v. a. Viel mehr noch sind digitale Spiele aber Gegenwart und Zukunft des Spiels. Man kann davon ausgehen, dass ungefähr die Hälfte der Bevölkerung zwischen 6 und 66 Jahren wenigstens hin und wieder Videospiele auf die eine oder andere Art und Weise spielt (in Italien 32 %, in Österreich 69 %, im europäischen Mittel 52 %) – Tendenz rapide steigend.
Für die einen ist es Zeitvertreib für zwischendurch, für die anderen Hobby und wichtigste Freizeitbeschäftigung, für einige sogar Beruf. Eine der bekanntesten Gamerinnen Südtirols – Caroline Fohrer – lebt davon, eine der besten Spielerinnen weltweit des Spiels World of Warcraft zu sein. Noch zahlreiche andere Gamer in Südtirol sind auf internationalem Niveau als E-Sportler aktiv. Videospiele sind weltweit das wichtigste Unterhaltungsmedium und die sich

am dynamischsten entwickelnde Kulturform. Dem wollen große Veranstaltungen wie das jährlich stattfindende *Gameground Festival* in Bozen oder das *KiMM Together* in Meran Rechnung tragen, indem sie die kulturelle Vielfalt und die Potenziale des Gamings aufzeigen. Dies ist auch Auftrag des ersten Gaming-Vereins Südtirols DUNG VFG, der das Videospiel mit seinen Veranstaltungen als eigene Kulturform in Südtirol etablieren will.

Trotz all dieser Bemühungen hat das Videospiel in Südtirol immer noch mit einem schlechten Ruf zu kämpfen. Vor allem bei Eltern ist die Angst vor den negativen Folgen des digitalen Spiels omnipräsent. Bei allen realen Gefahren werden leider oft die positiven Seiten des Spiels außer Acht gelassen. Videospieler haben eine stark verbesserte Hand-Augen-Koordination, trainieren ihr taktisches und strategisches Handeln (können schnellere und bessere Entscheidungen treffen) und schlagen Nicht-Spielende, wenn es um Aufmerksamkeit und Informationsverarbeitung geht. Sie kommunizieren und kooperieren oftmals in internationalen Teams und können all diese erlernten Kompetenzen auch auf den Alltag übertragen. Digitale Spiele bringen durch ihre Systeme Menschen sehr schnell in einen Flow-Zustand, in dem man sich zu 100 % auf die aktuelle Tätigkeit konzentriert und regelrecht darin aufgeht – ähnlich einem Kletterer in der Wand. Das perfekte Zusammenspiel aus Herausforderung und Kompetenz ist dafür ausschlaggebend. Daher gibt es in Spielen Levels und Schwierigkeitsgrade, die sich teilweise dynamisch dem Spieler anpassen. Das motiviert zum Weiterspielen, auch oder gerade wenn es mal schwierig wird. Das digitale Spiel fasziniert u. a. auch durch die Möglichkeit …

… mit einem Medium zu interagieren und nicht nur zu konsumieren.

… in immersive und simulierte Welten abzutauchen und sich darin ohne Konsequenzen auszuprobieren.

… Herausforderungen überwinden zu können und dabei direktes Feedback zu erhalten, um sich zu verbessern.

Digitale Spiele finden daher auch immer mehr Einzug in Therapie, Wirtschafts- und Bildungssysteme, da man mit diesen spielerischen Mitteln Menschen besser motivieren kann, z. B. um zu lernen und zu üben – Videospiele sind wahre Motivationskunstwerke. Daher gilt: Wenn Videospiele mit Hausverstand und geregelt gespielt werden, dann überwiegen die Vorteile auch die Risiken. Also gib auch du dem Videospiel eine Chance!
Hannes Waldner

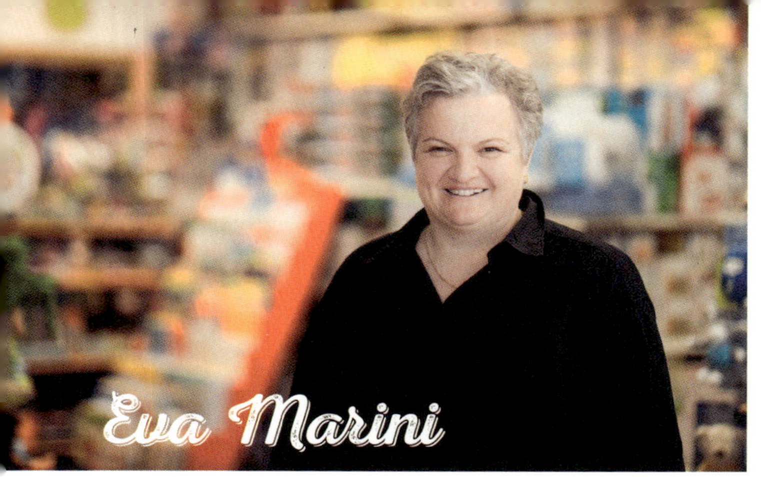

1972 in Bozen als jüngstes von fünf Kindern geboren. Aufgewachsen auf dem elterlichen Bauernhof in Eppan mit vielen Tieren und einer kreativen Mutter, die den Kindern gezeigt hat, mit welchen Materialien verschiedene Spiele und Unterhaltungsmöglichkeiten geschaffen werden können.
Als Jugendarbeiterin von 1992 bis 2001 im Jugenddienst Überetsch mit Schwerpunkt Offene Jugendarbeit standen Spiele hoch im Kurs. Die nebenberufliche Ausbildung zur Spielpädagogin war die Grundlage für eine weiterführende Berufswahl in dieser Richtung.
2009 hat Eva Marini ihren eigenen Spielwarenshop im Zentrum von Eppan eröffnet, mit gleichzeitigem Aufbau der Firma Spielwelt Events. Seit 2022 ist sie als Klinikclown im Verein Comedicus tätig und führt ihre Spielwelt Events in Eppan.

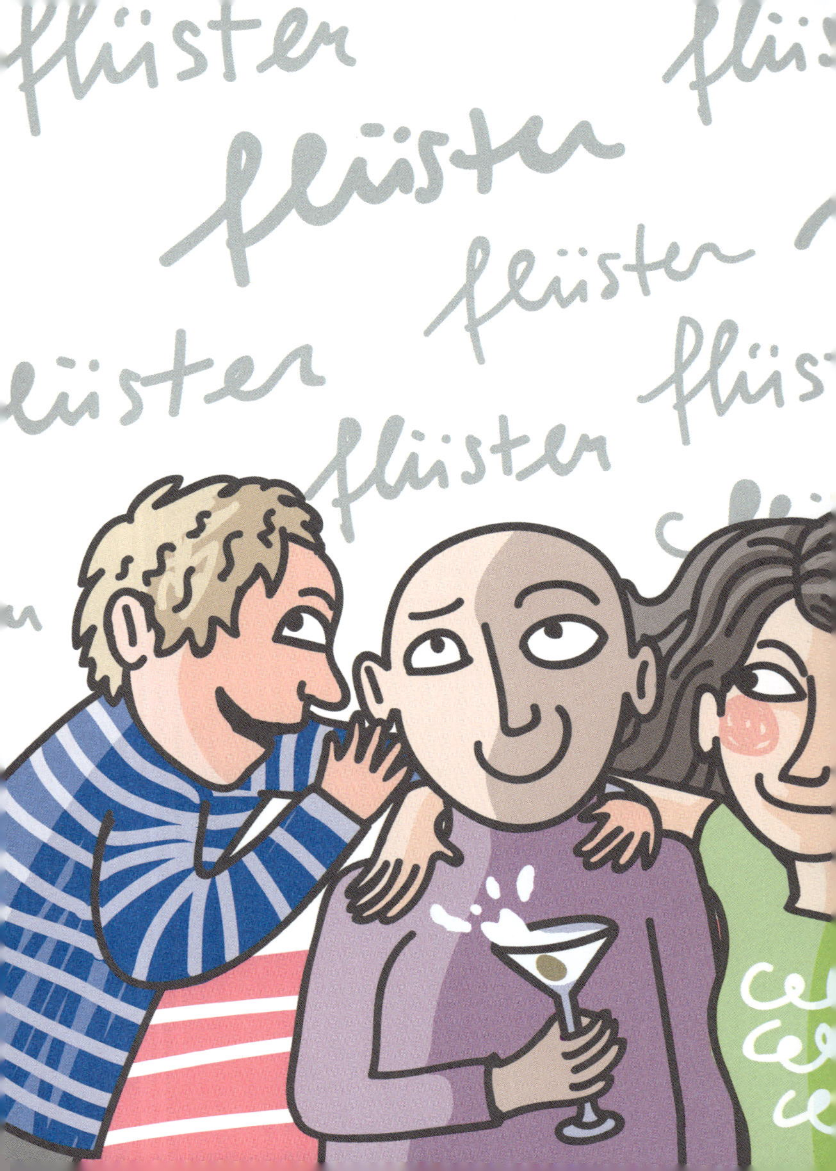

flüster

flüster

flüster

flüster

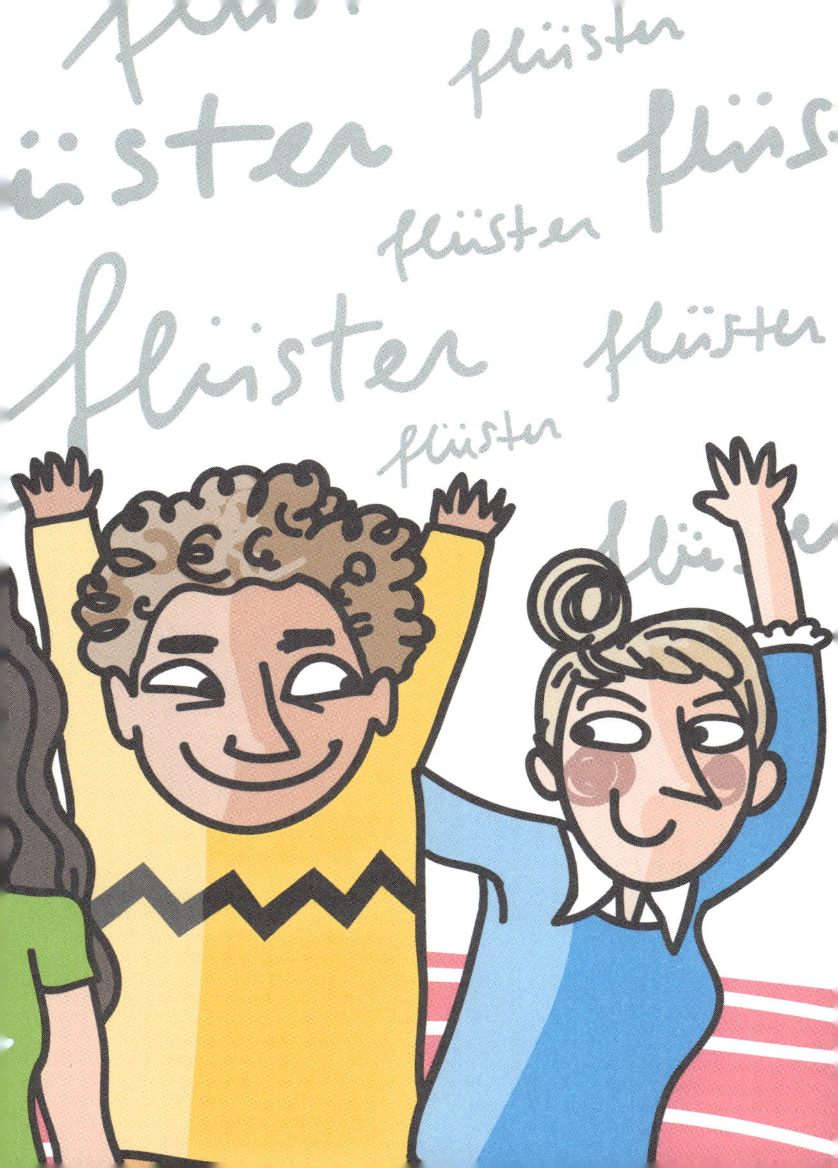

flüster
flüster
flüster
flüster
flüster
flüster

Bibliografische Information der Deutschen Nationalbibliothek
Die Deutsche Nationalbibliothek verzeichnet diese Publikation in der Deutschen Nationalbibliografie; detaillierte bibliografische Daten sind im Internet abrufbar: http://dnb.d-nb.de

1. Auflage 2024

Korrektorat: Sabine Schmid, textdrexlerei
Illustrationen: Robert Göschl, Latzfons
Design & Layout: Athesia-Tappeiner Verlag
Druck: Florjančič, Maribor
Papier: Innenteil Magno Natural

Gesamtkatalog unter
www.athesia-tappeiner.com

Fragen und Hinweise bitte an
buchverlag@athesia.it

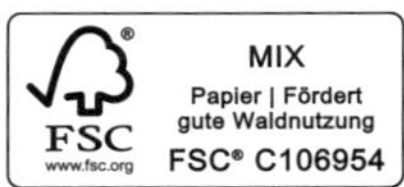

ISBN 978-88-6839-791-3

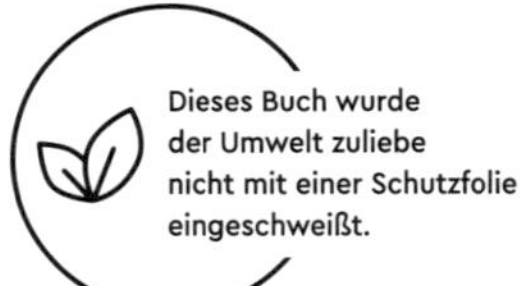